Collection *Culture Couleur* :
– *Illusions et formes impossibles*, volume 2 ;
– *Animaux mandalas* ;
– *Dans l'Égypte des pharaons* ;
– *Dans la Rome antique* ;
– *Les Capitales d'Asie*...

La majorité des formes présentées a été dessinée par la photographe et designer ukrainienne Hanna Olekseichuk.

Culture Couleur est une collection créée par Patrick Pasin
Composition : Clarice Mainier
ISBN : 978-1-913191-47-4
Dépôt légal : 4e trimestre 2024

Talma Studios International
Clifton House, Fitzwilliam St Lower
Dublin 2 – Ireland
www.talmastudios.com
info@talmastudios.com

© All rights reserved. Tous droits réservés.

ILLUSIONS

ET FORMES IMPOSSIBLES

POUR ENRICHIR SON ESPRIT ET SON REGARD

Volume 1

Commençons par l'alphabet et les chiffres :

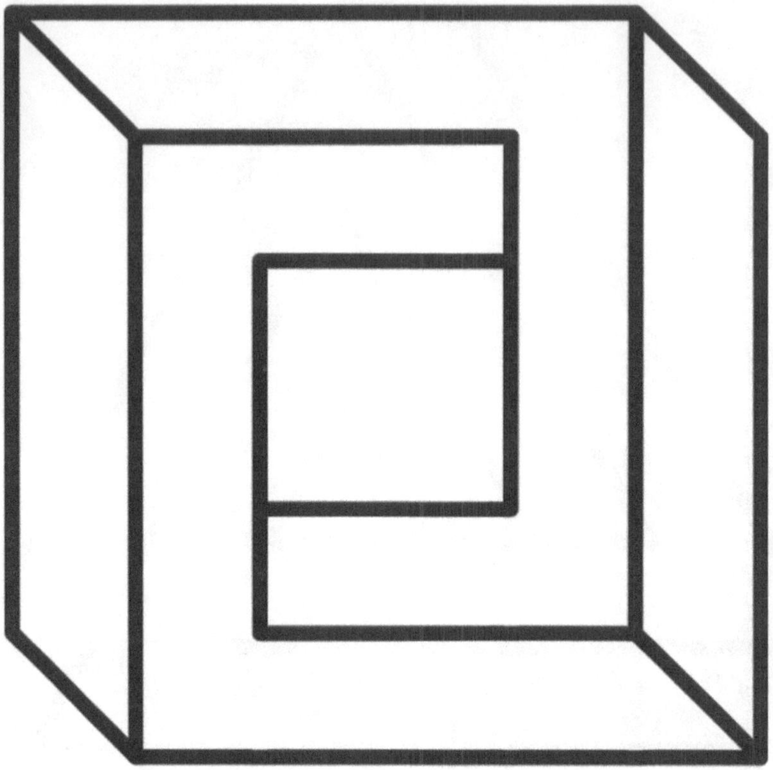

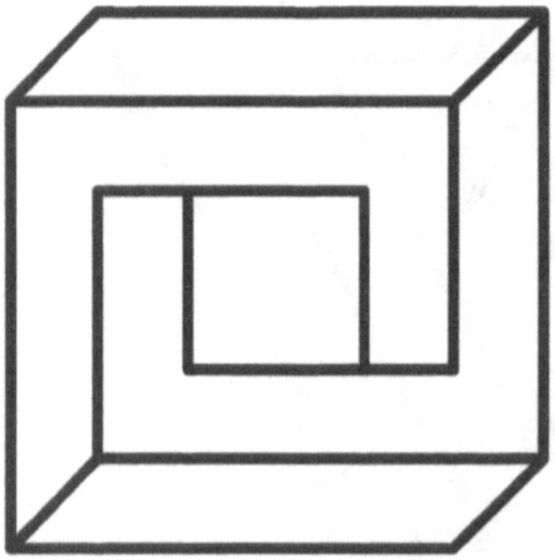

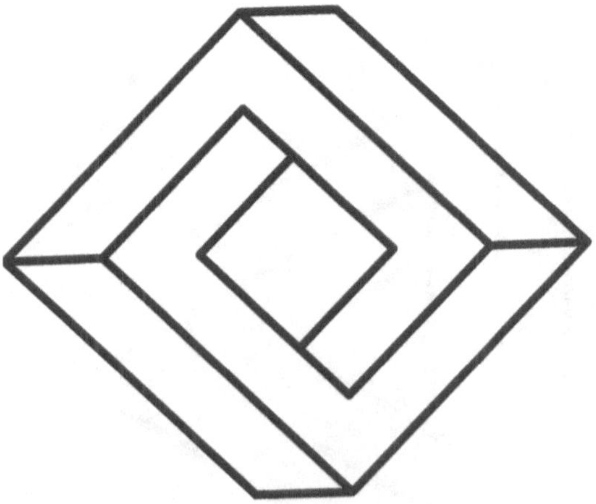

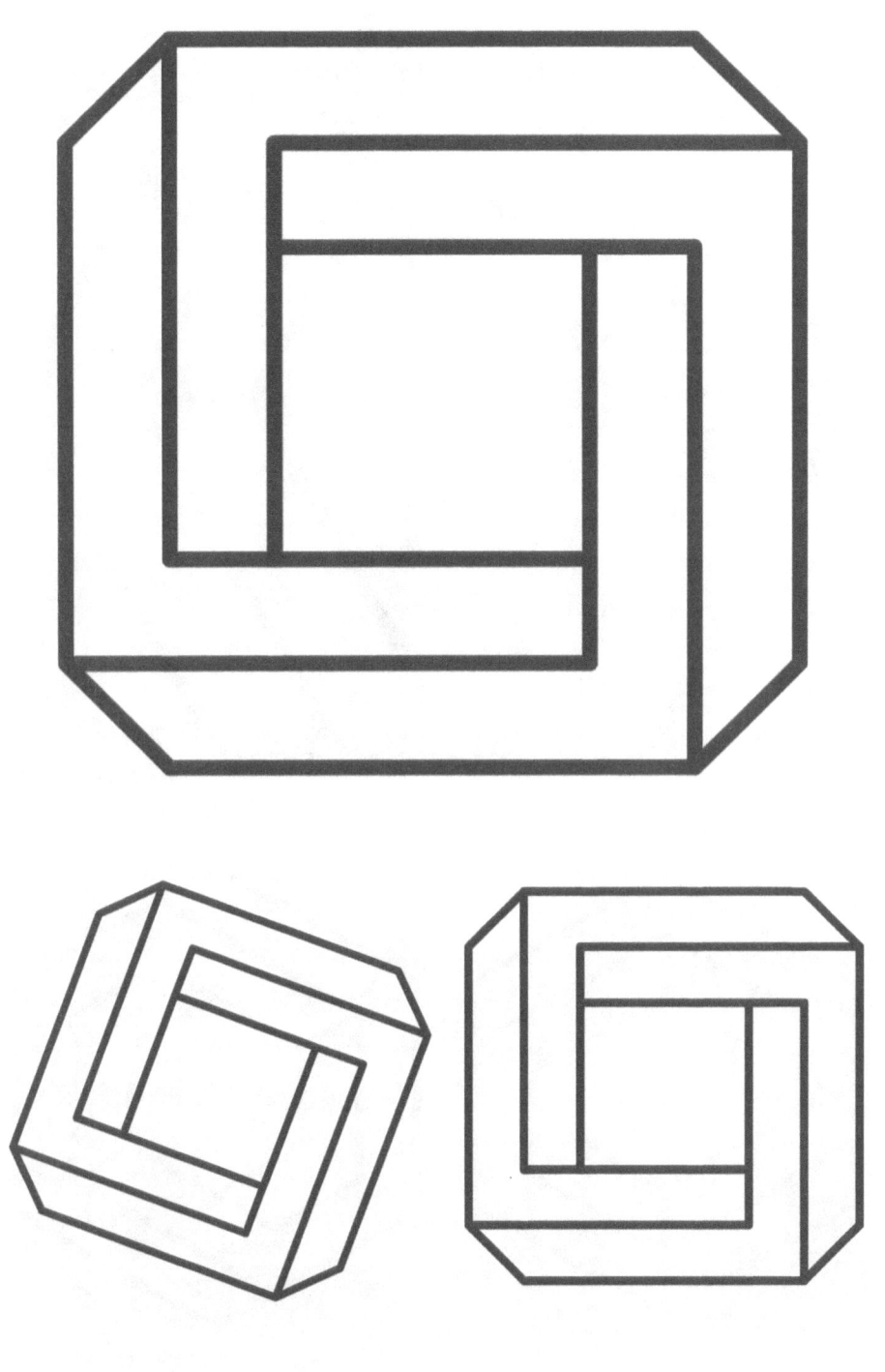

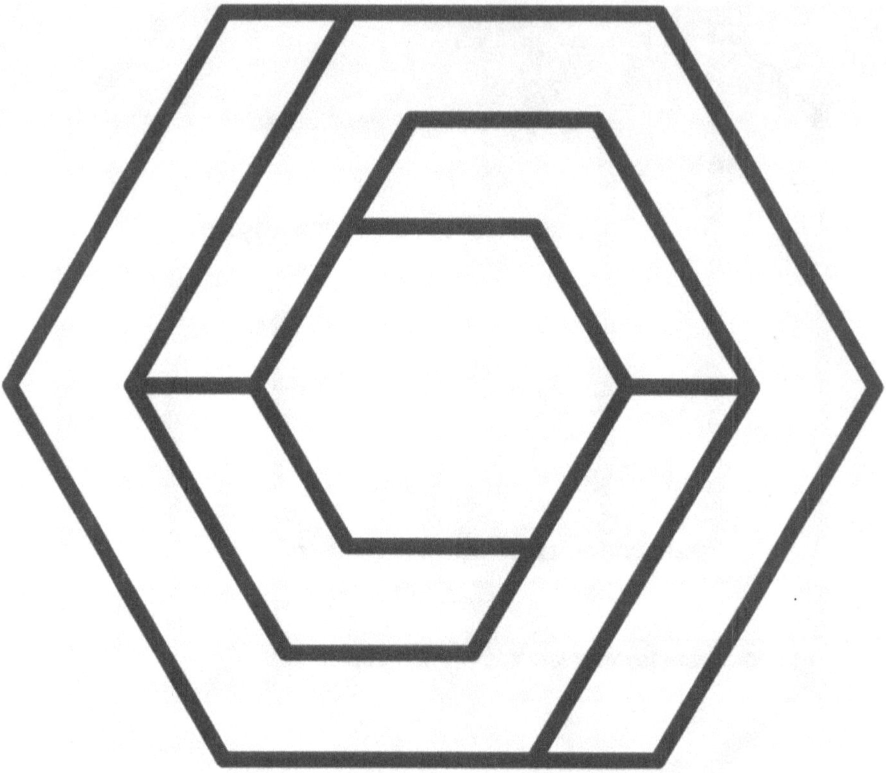

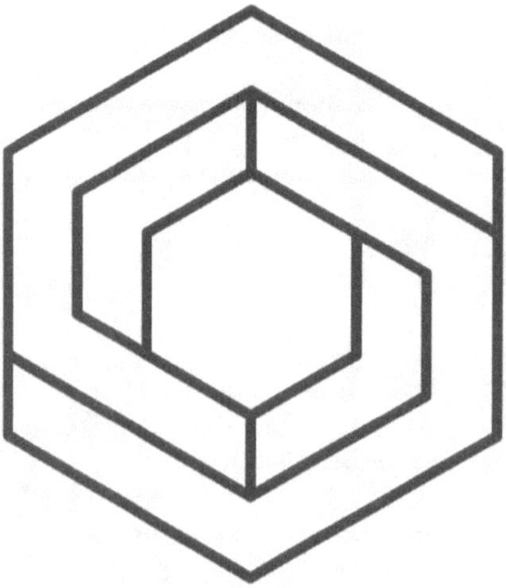

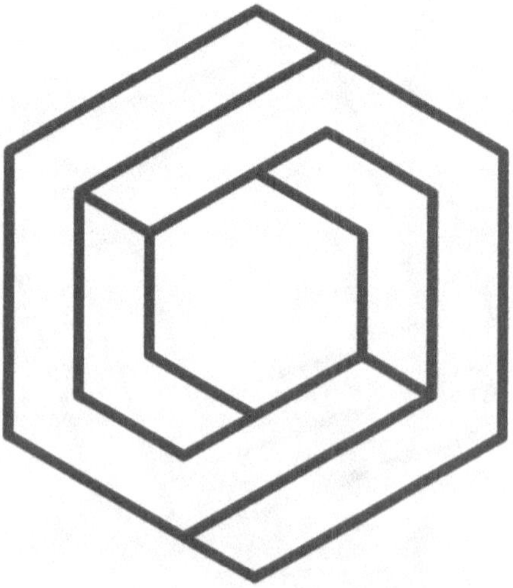

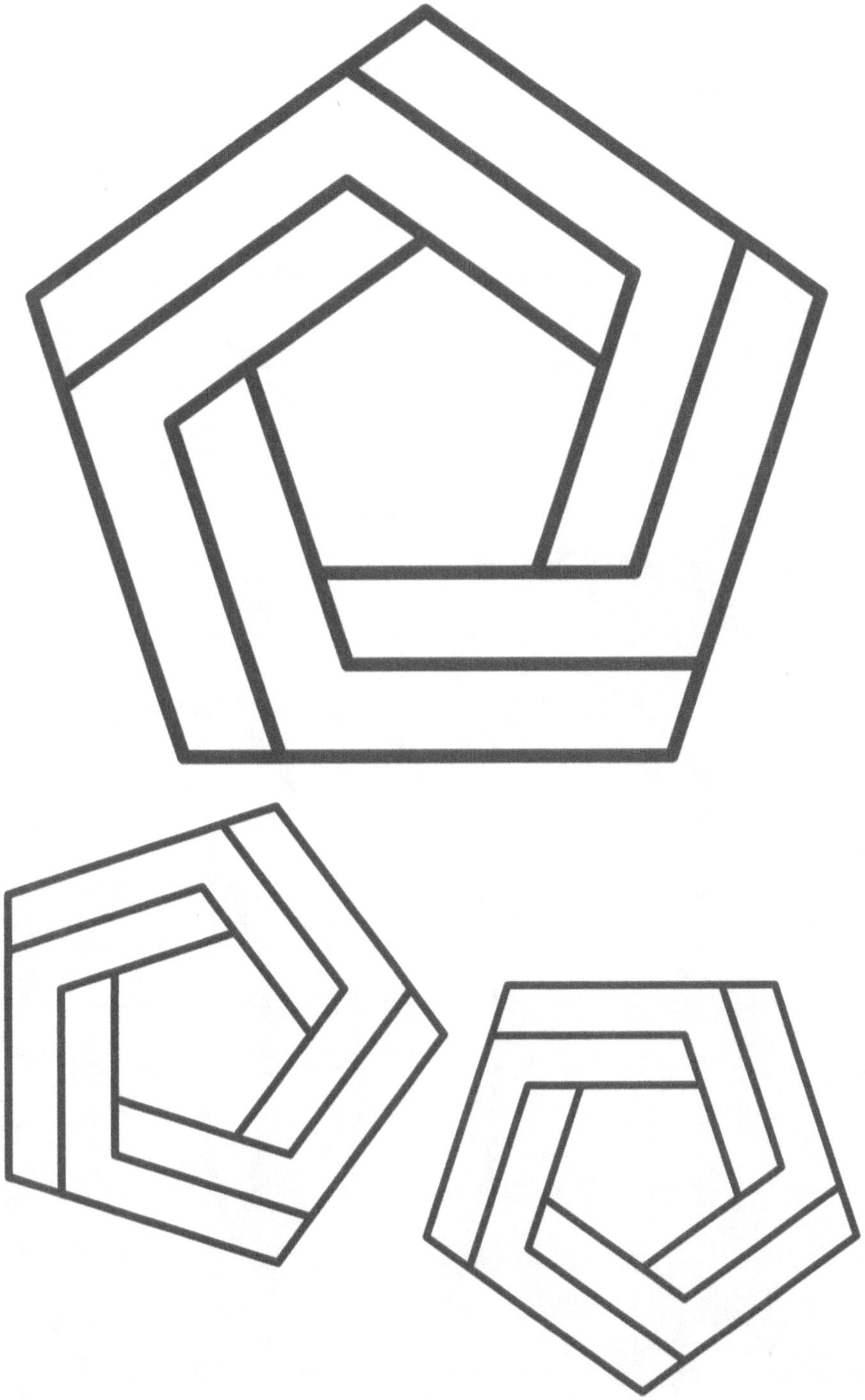

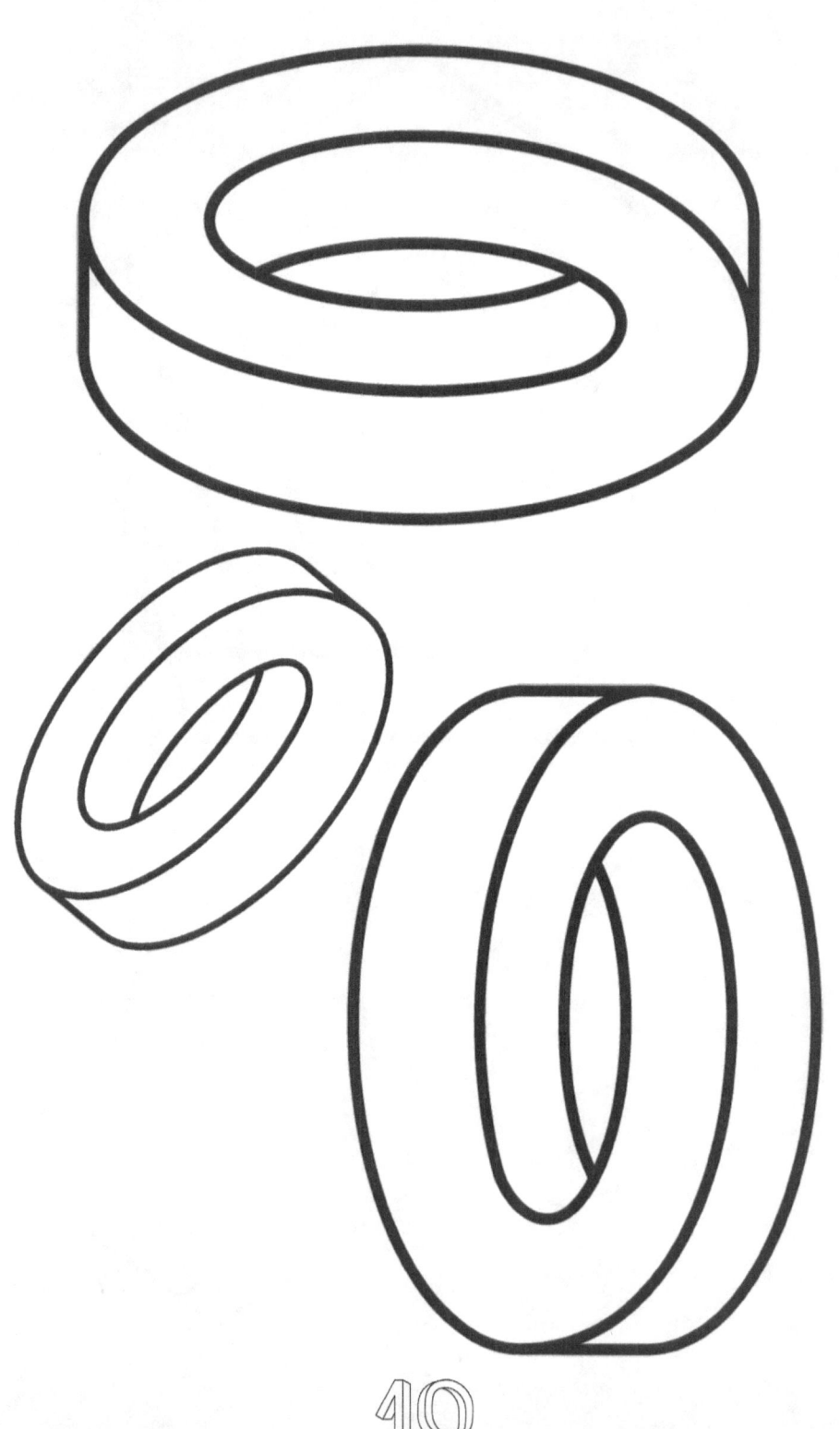

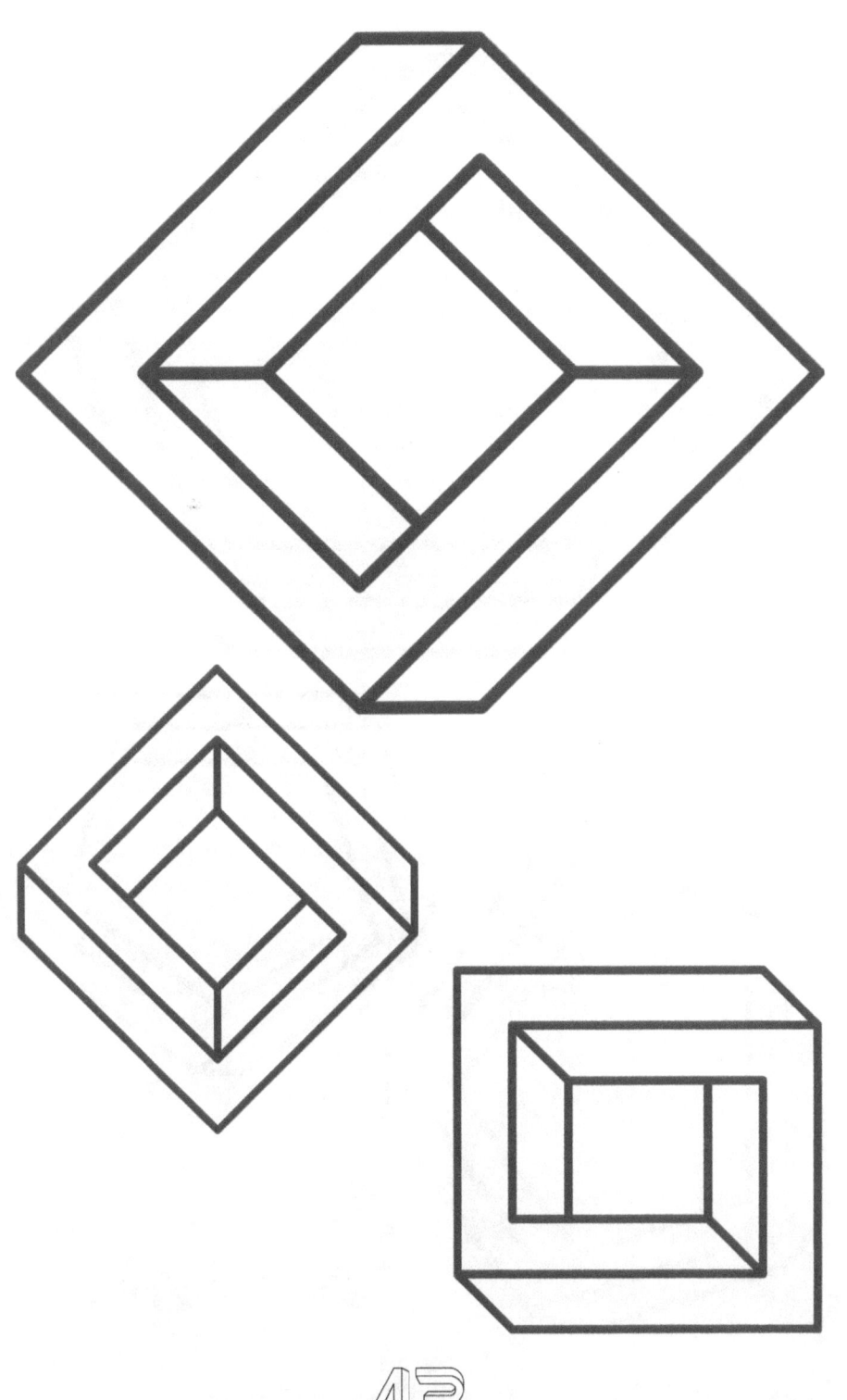

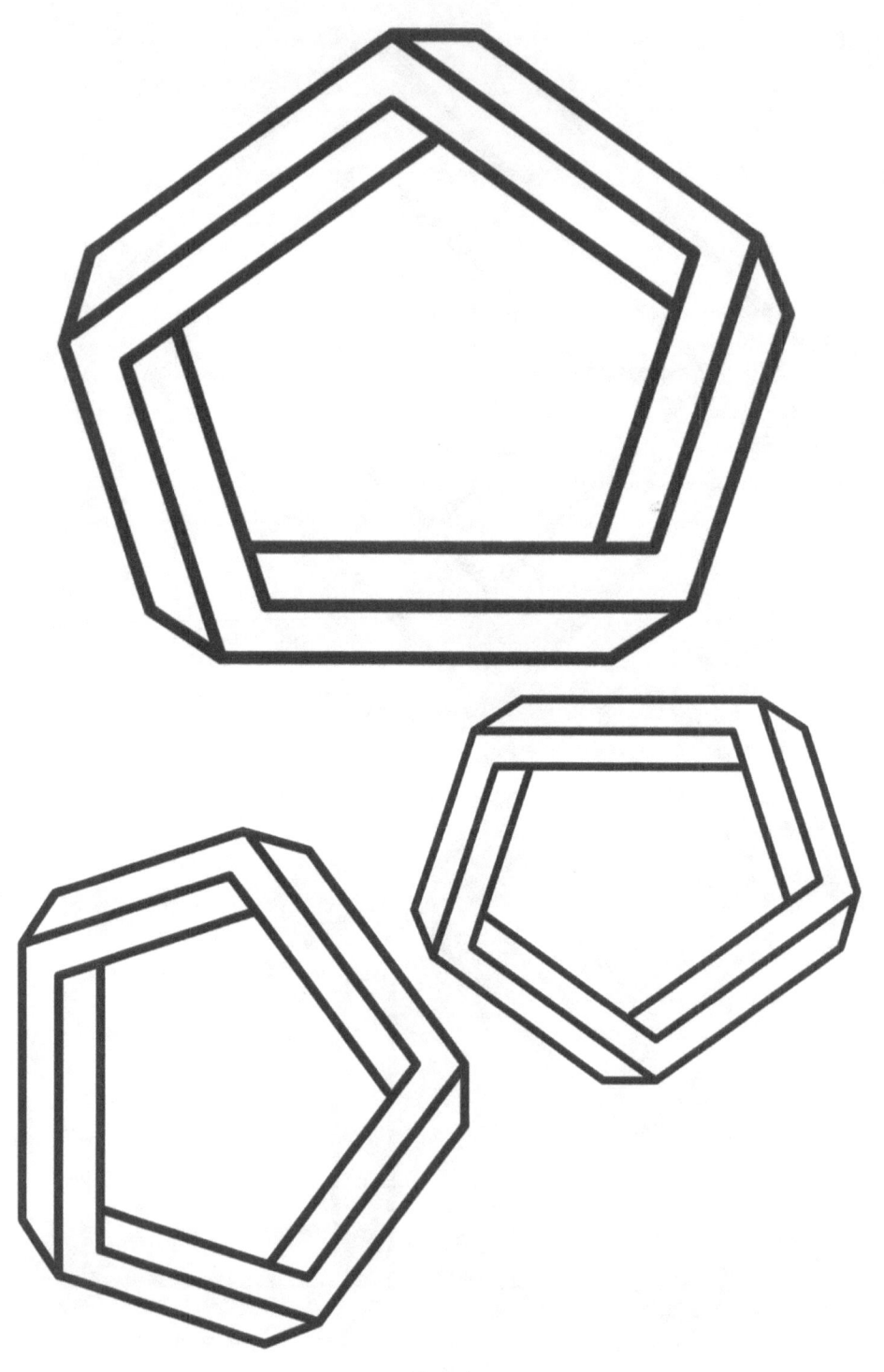

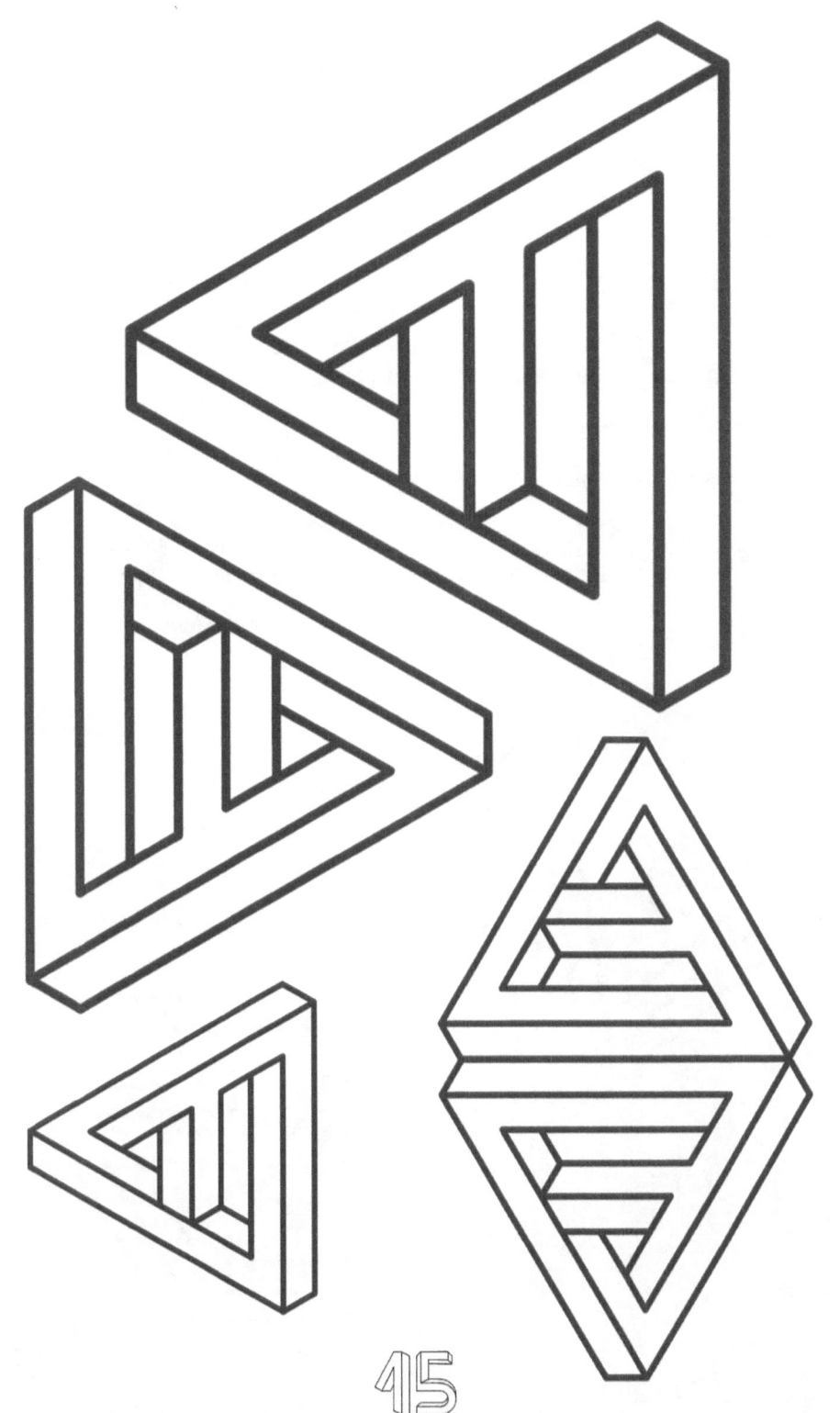

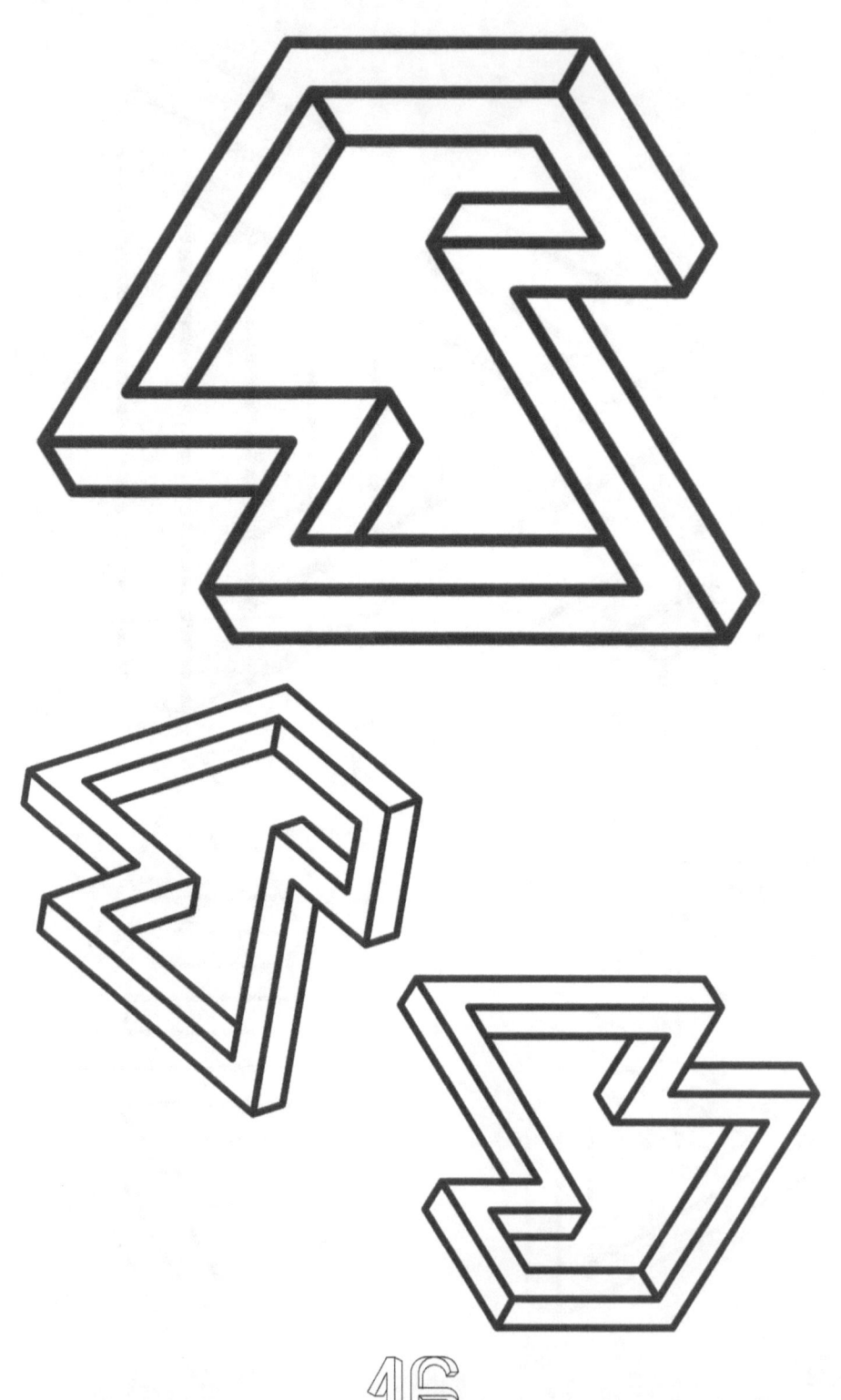

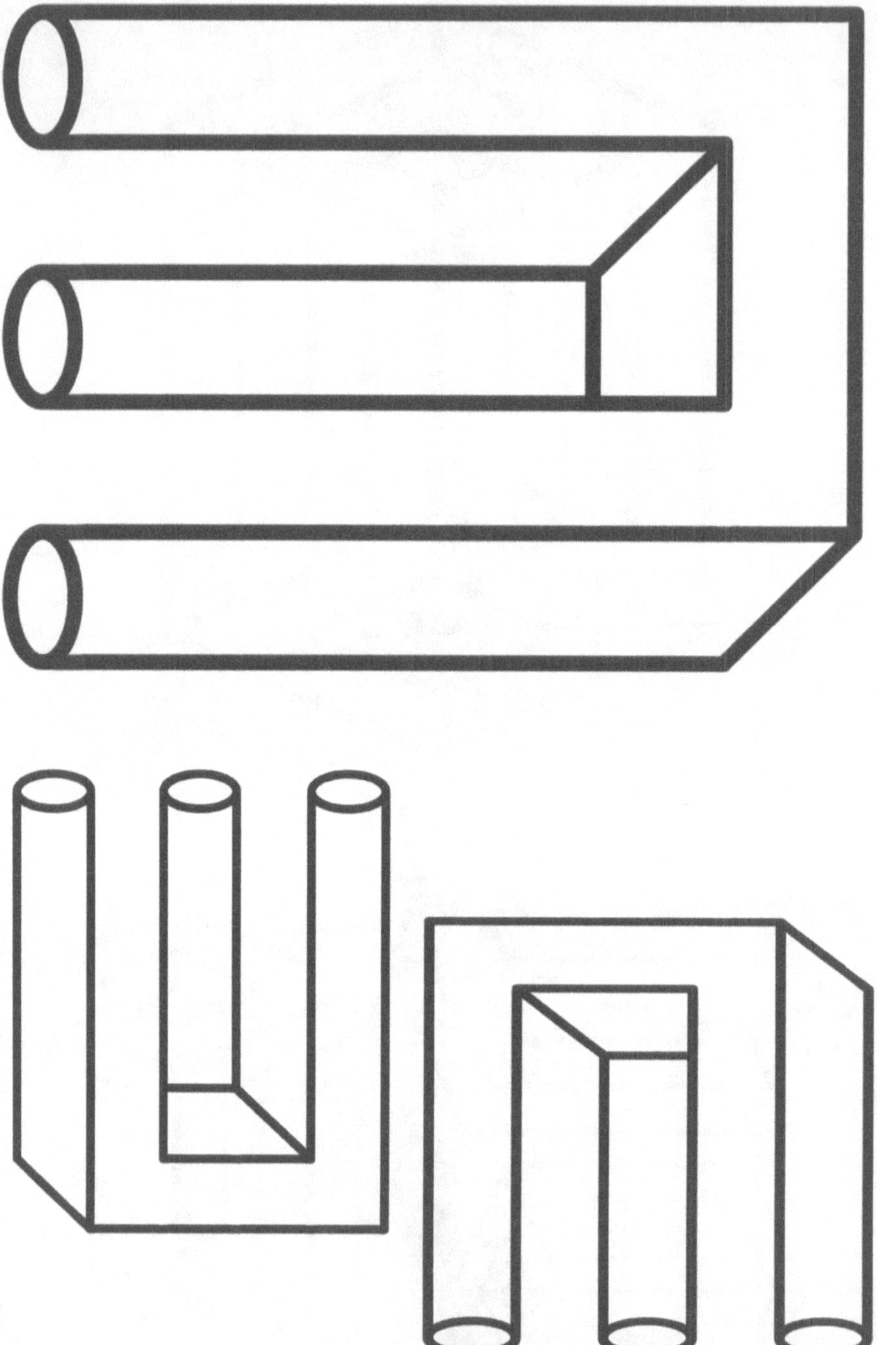

22

23

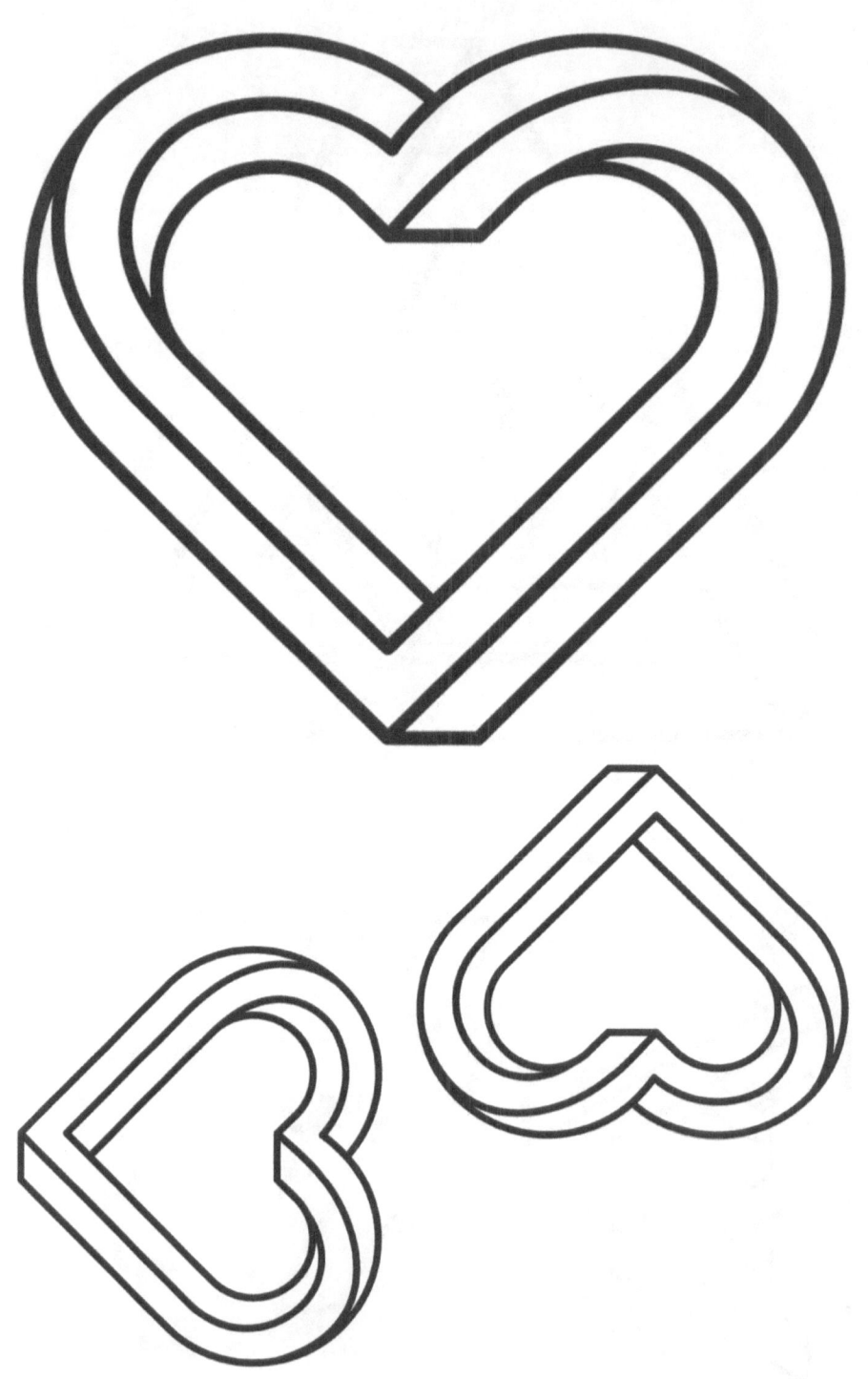

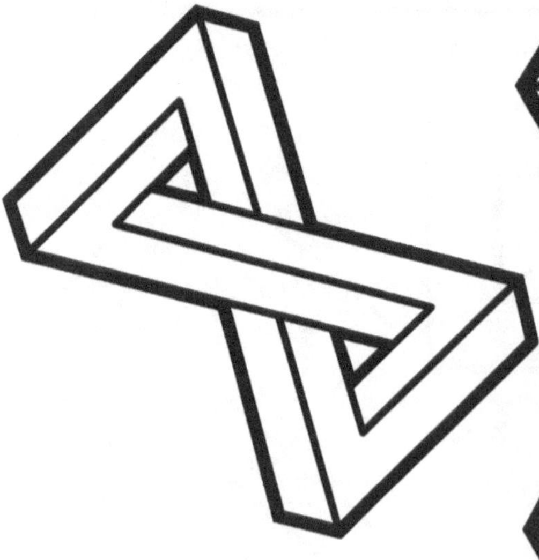

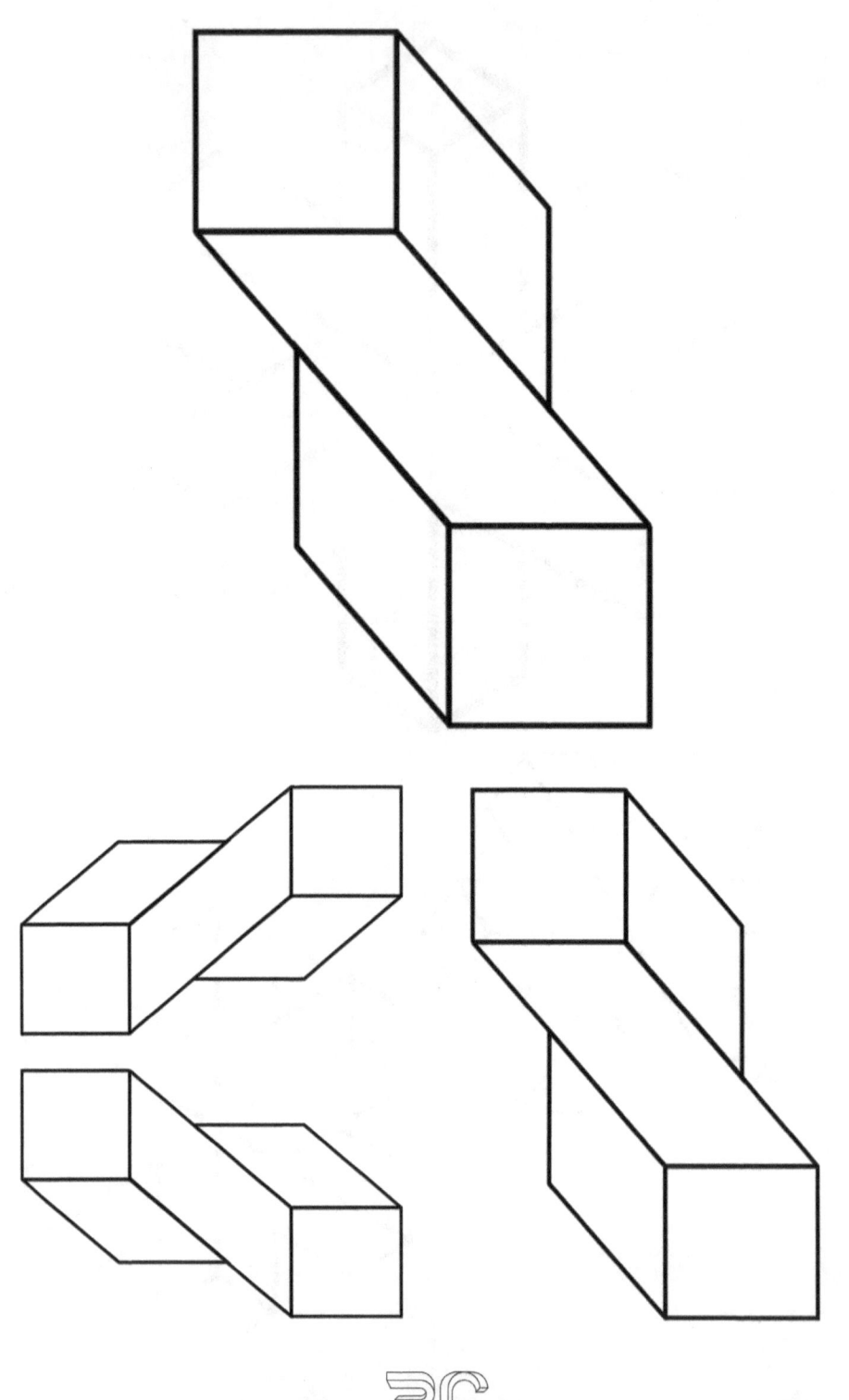

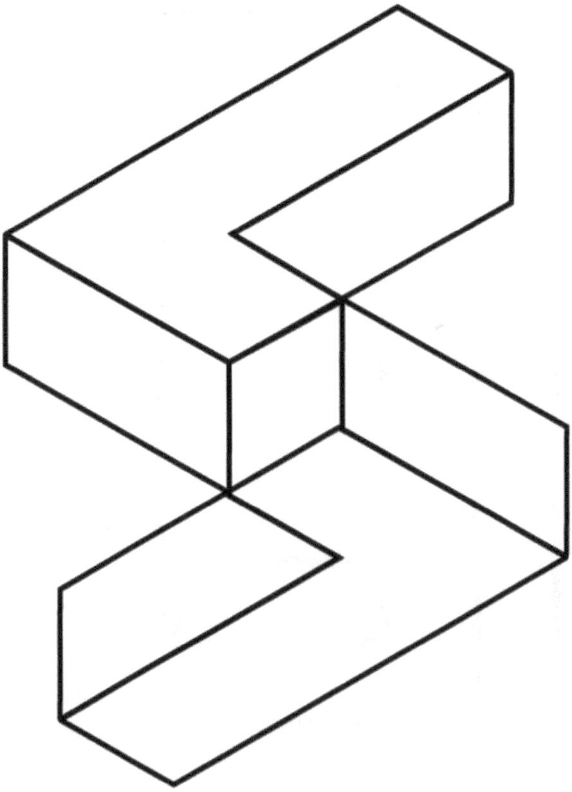

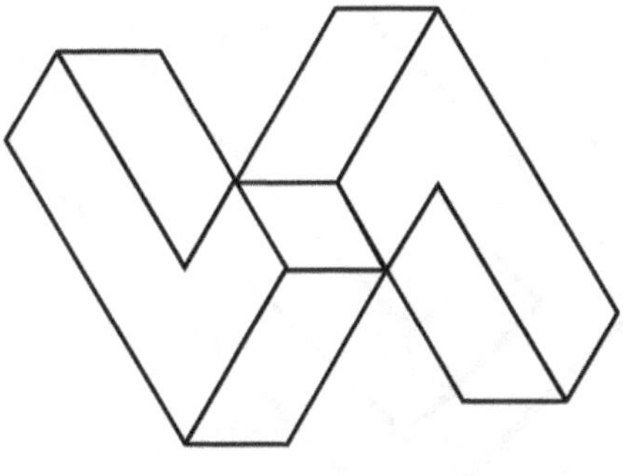

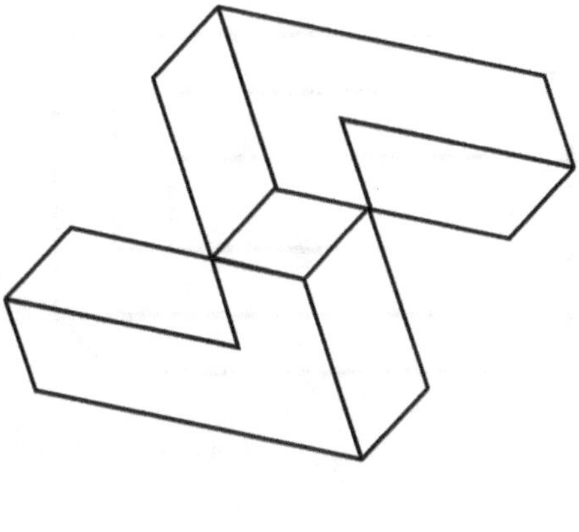

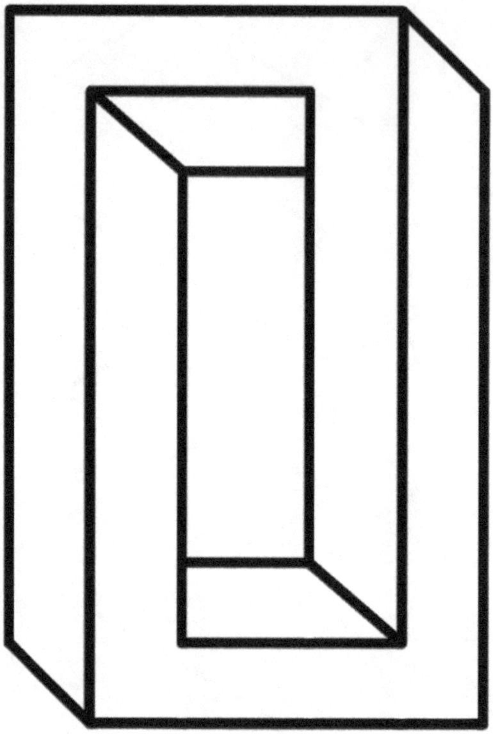

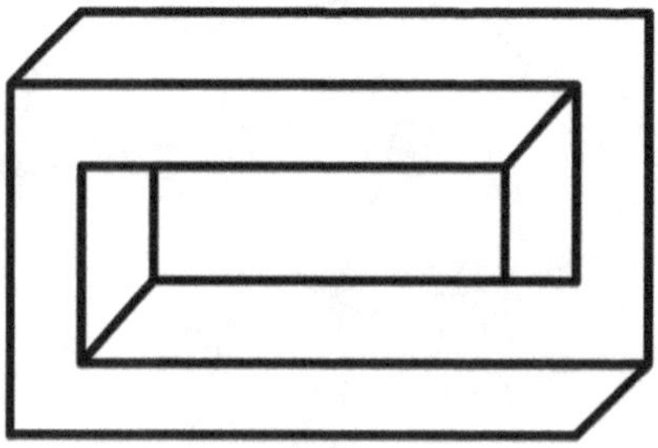

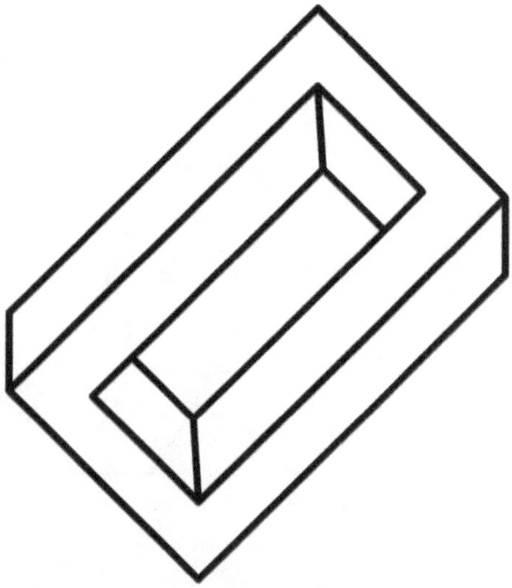

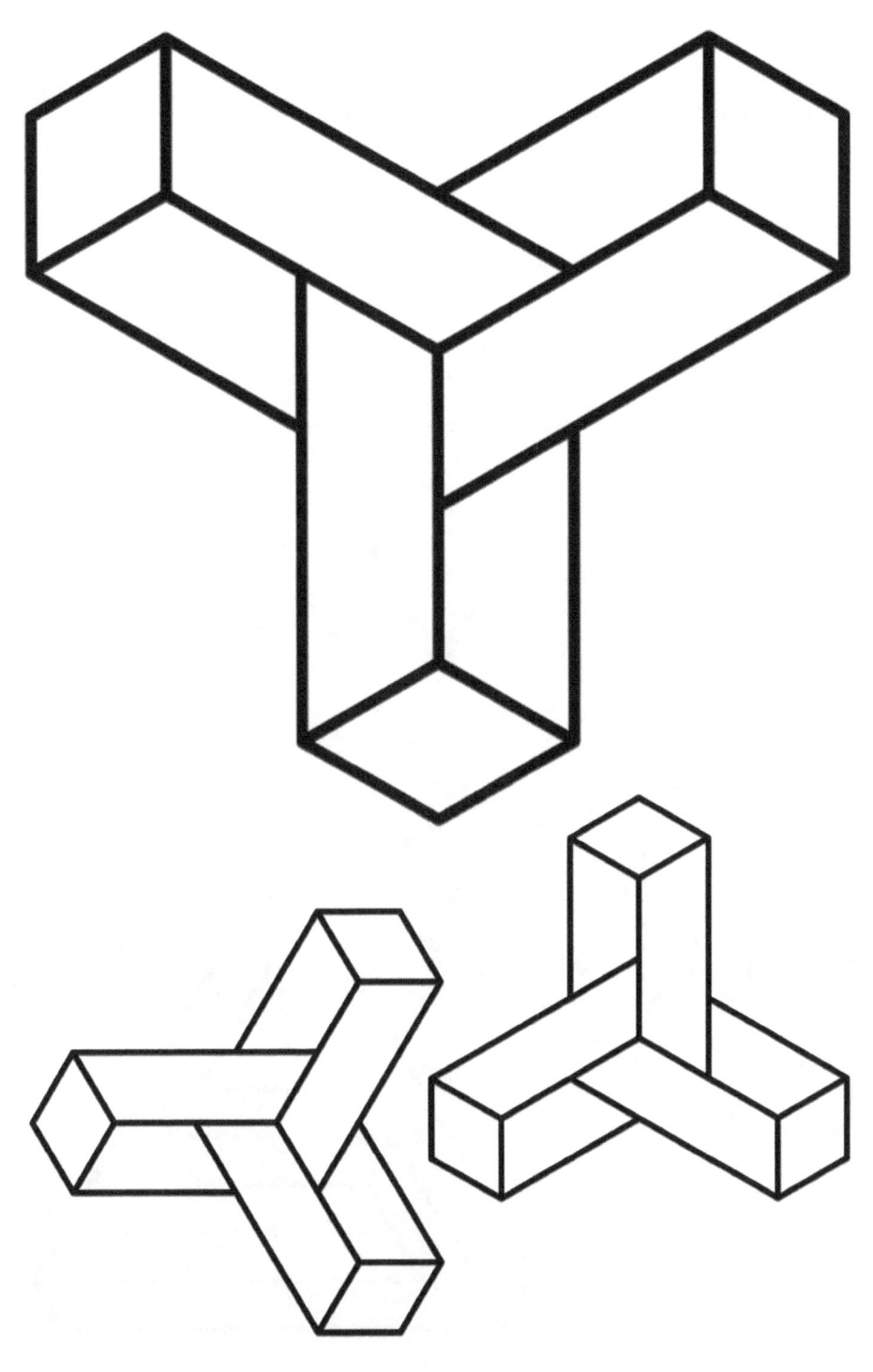

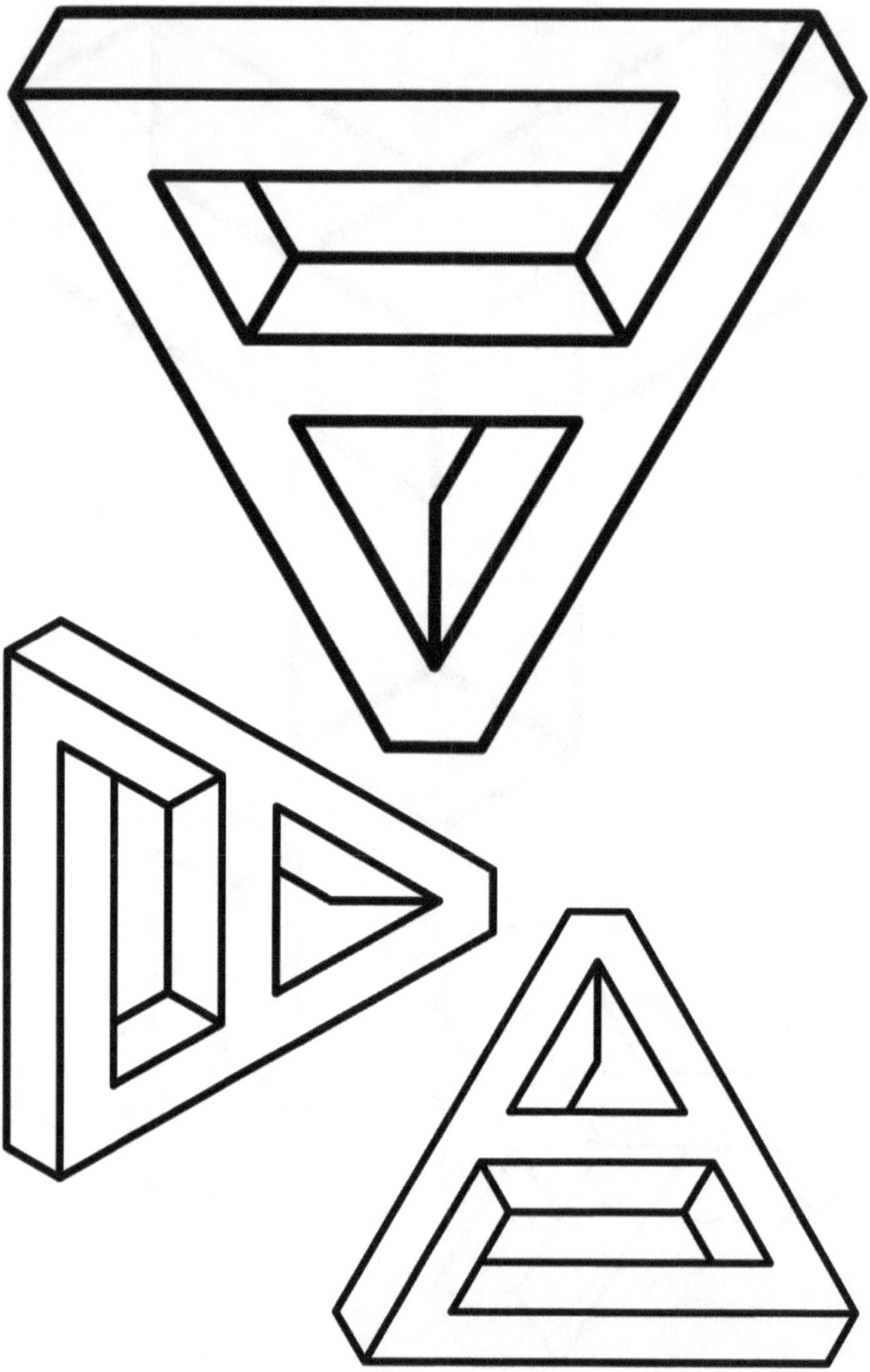

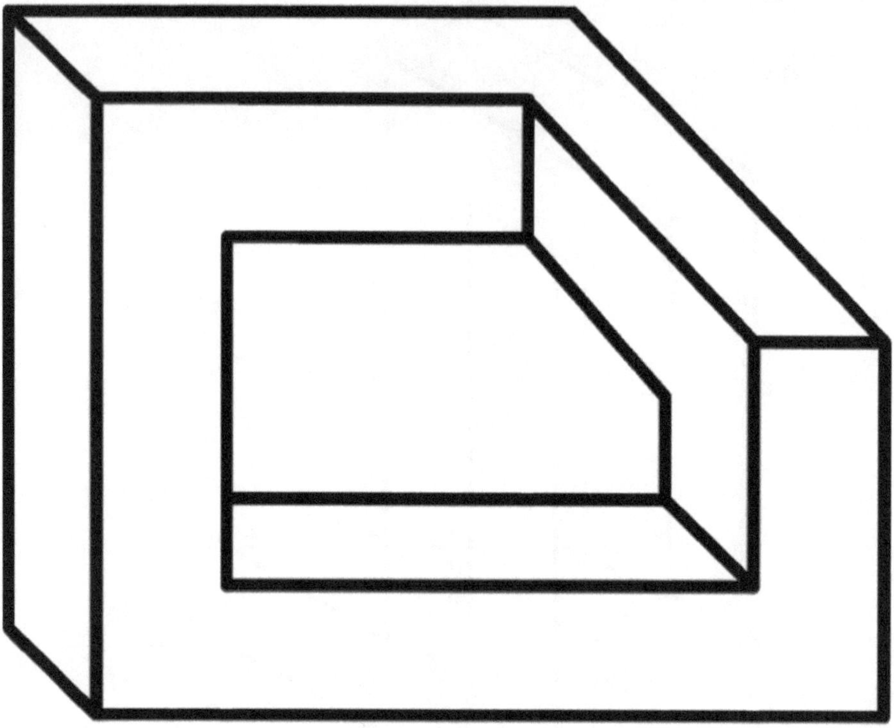

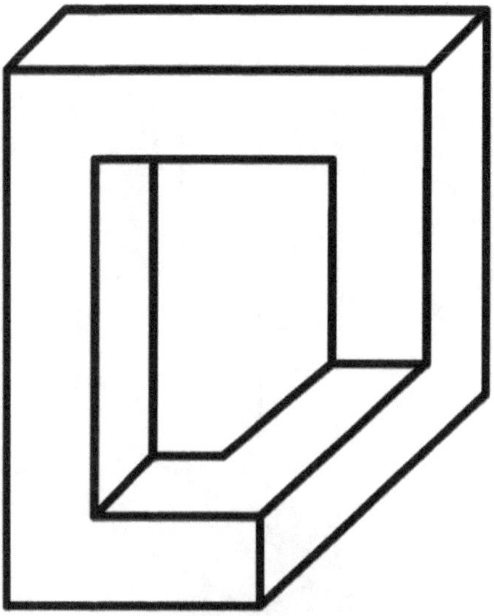

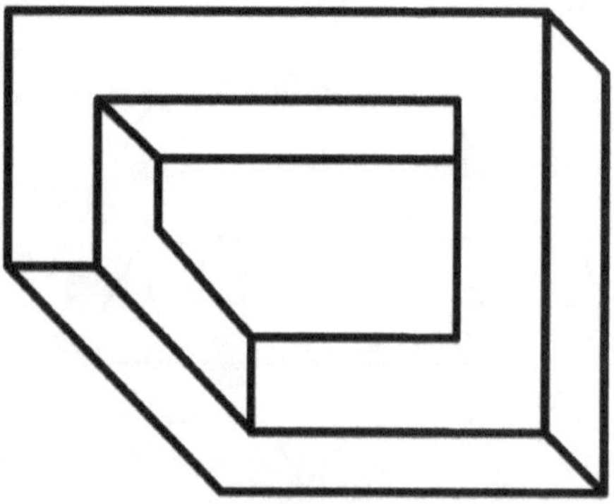

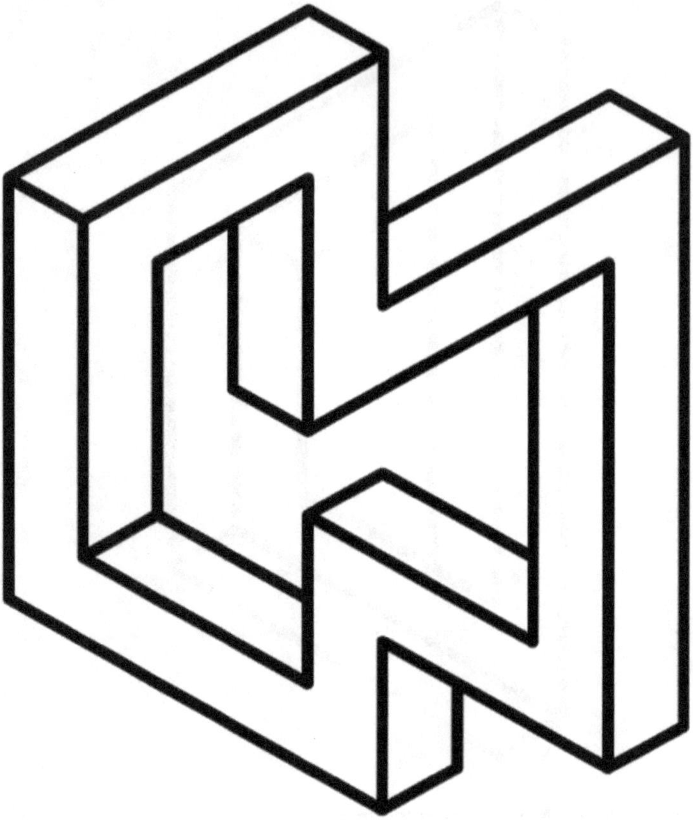

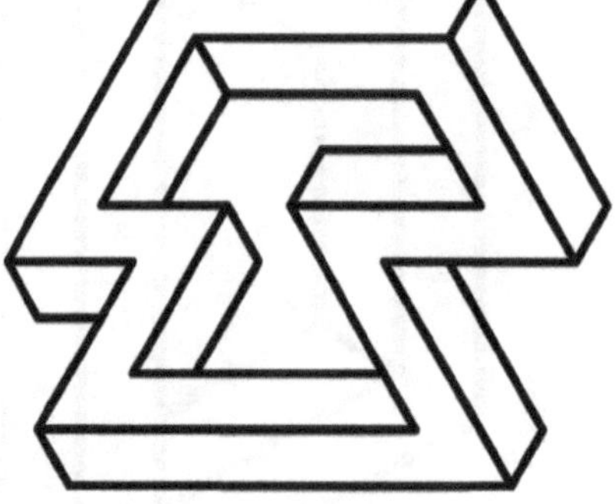

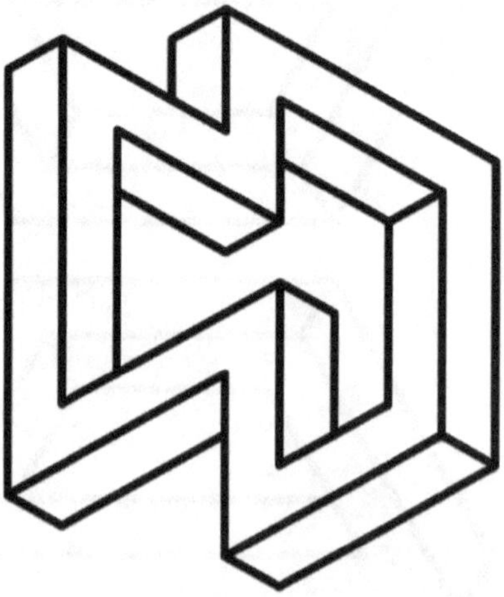

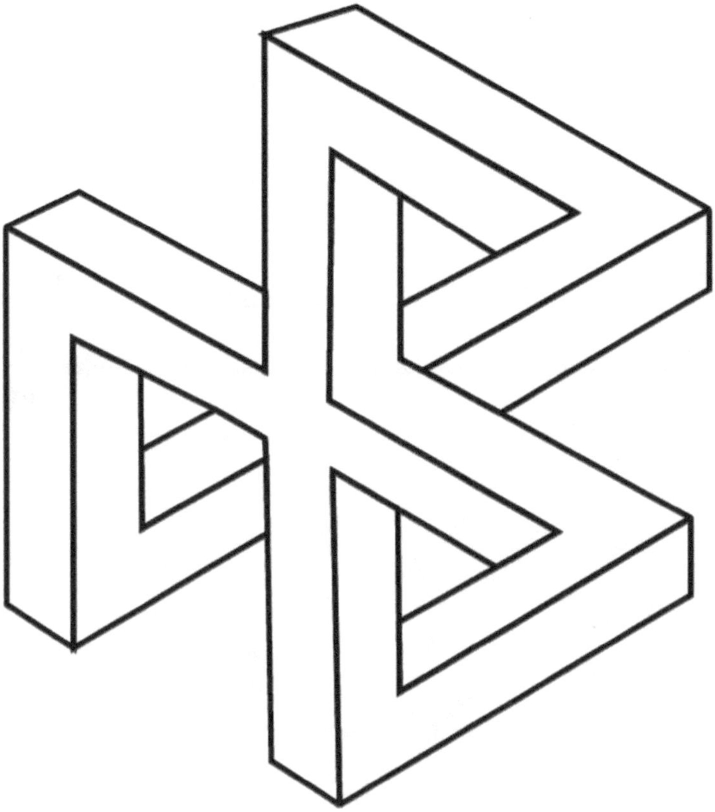

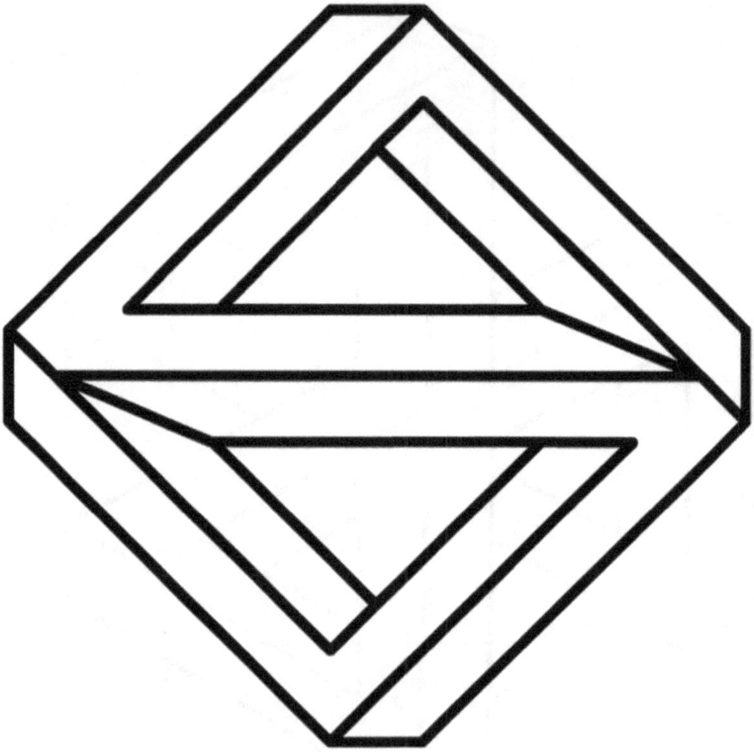

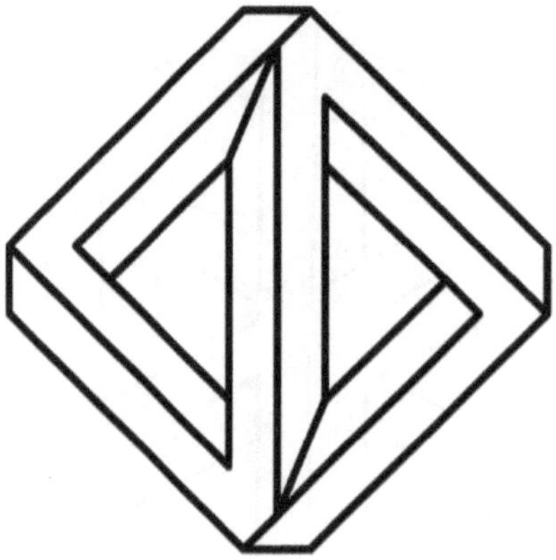

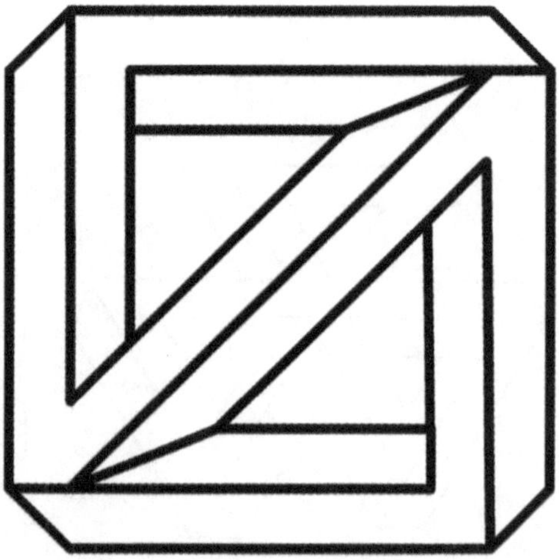

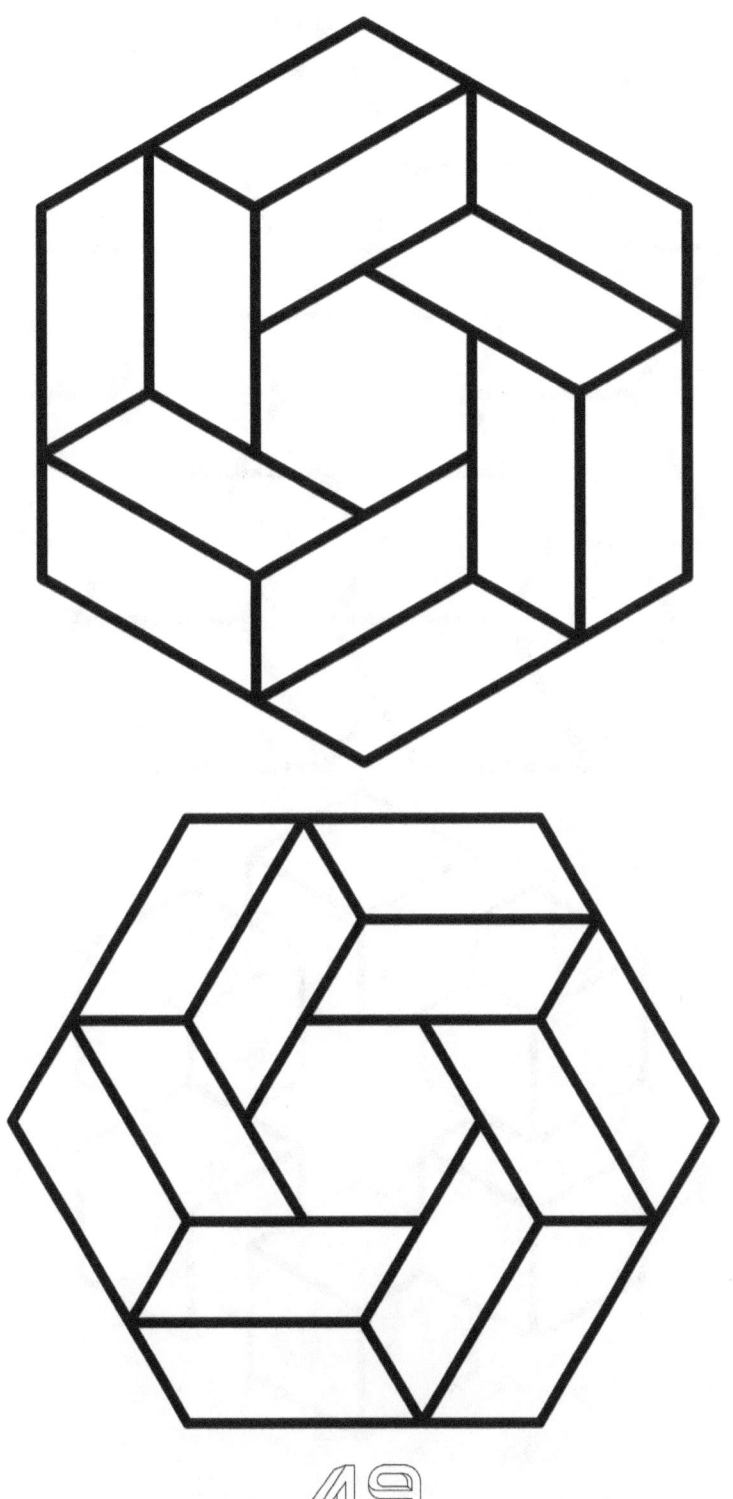

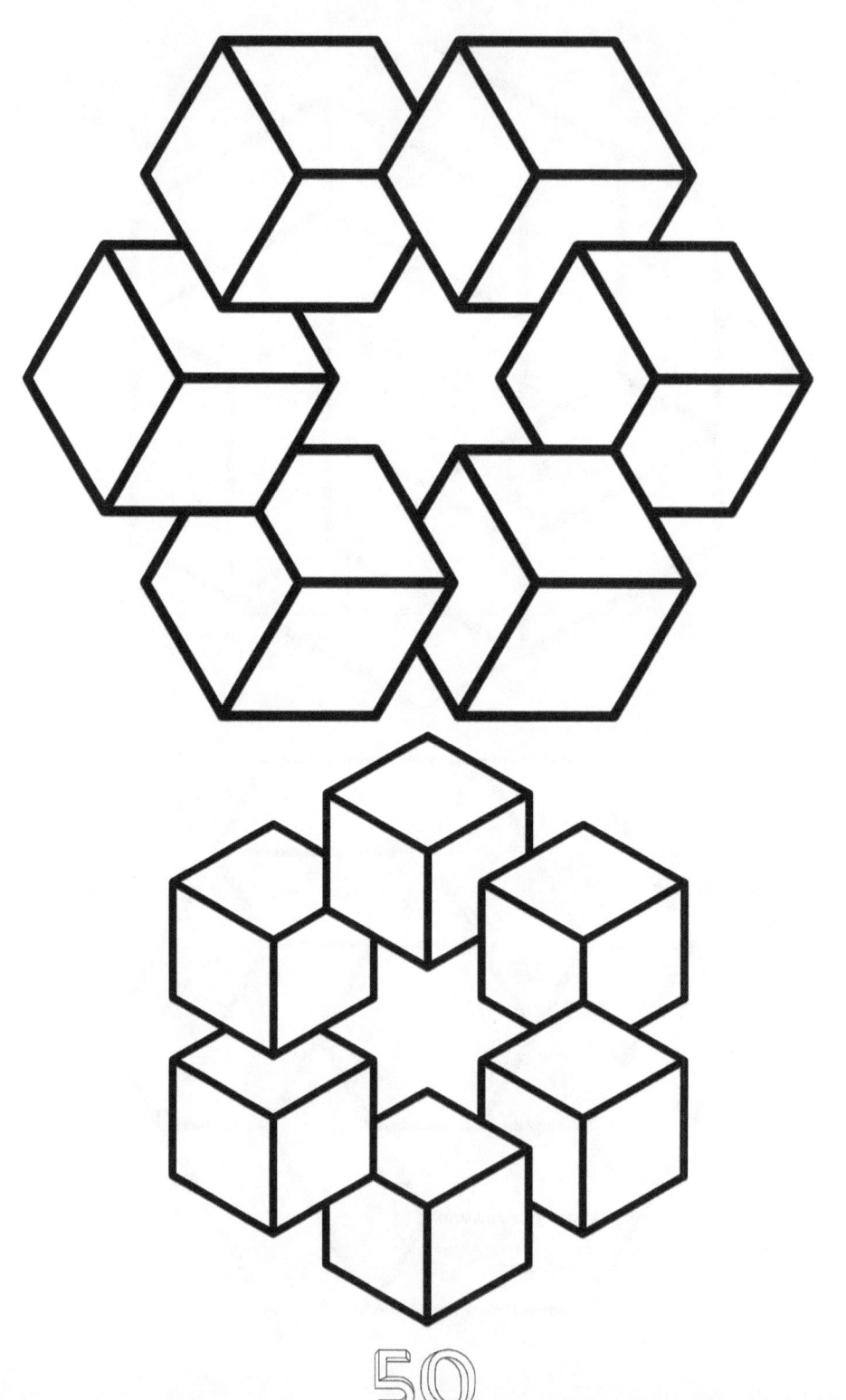

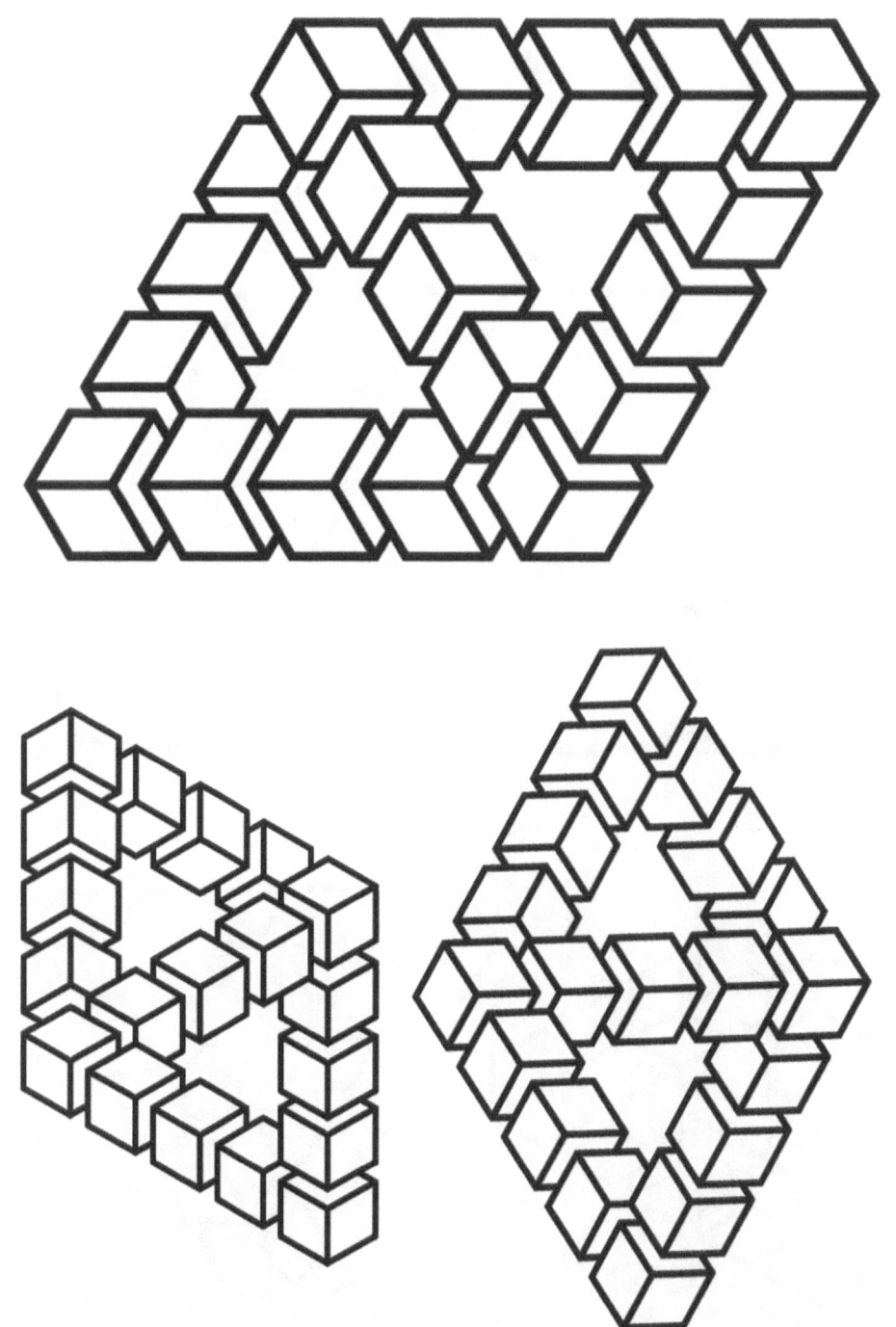

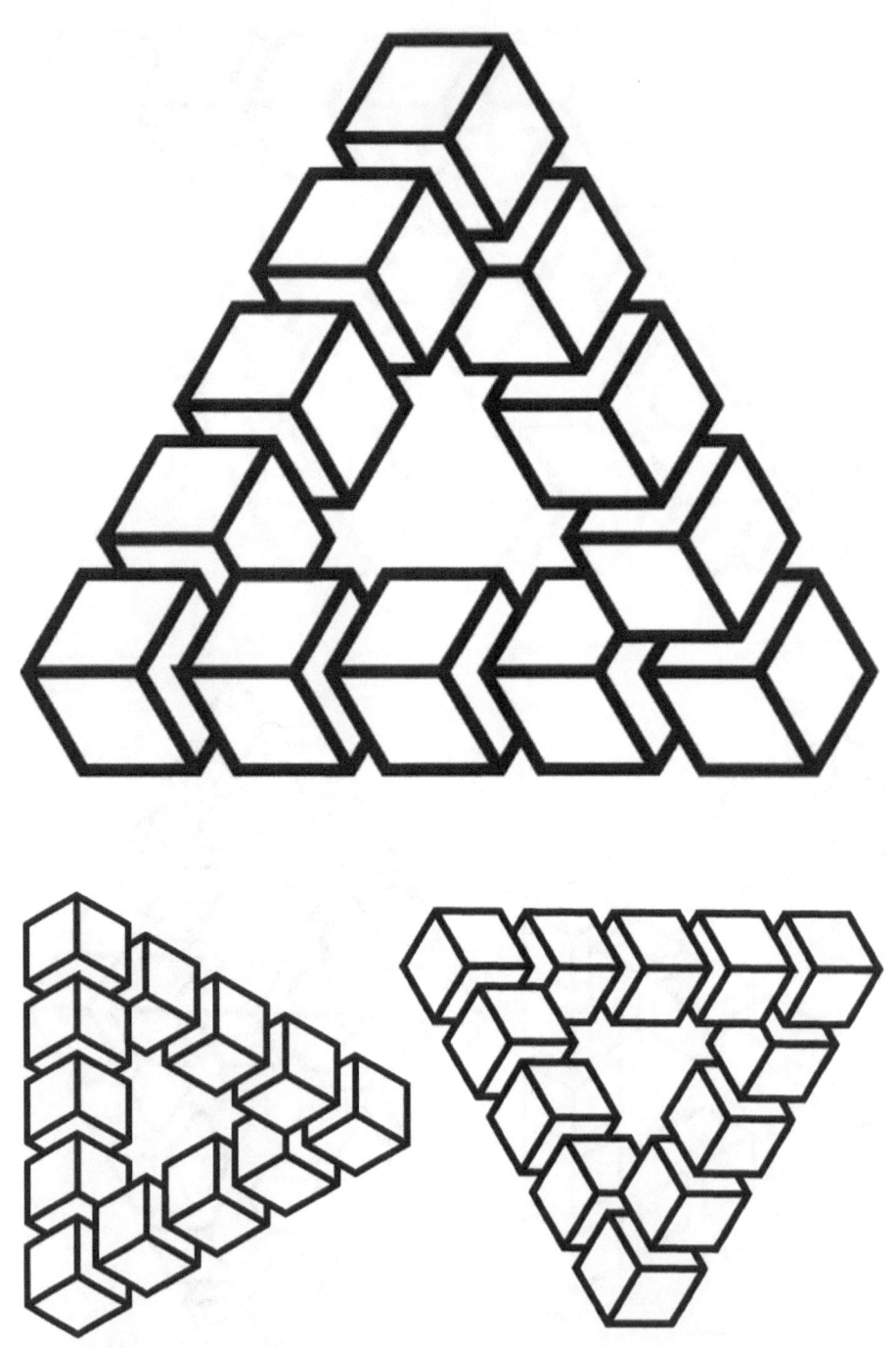

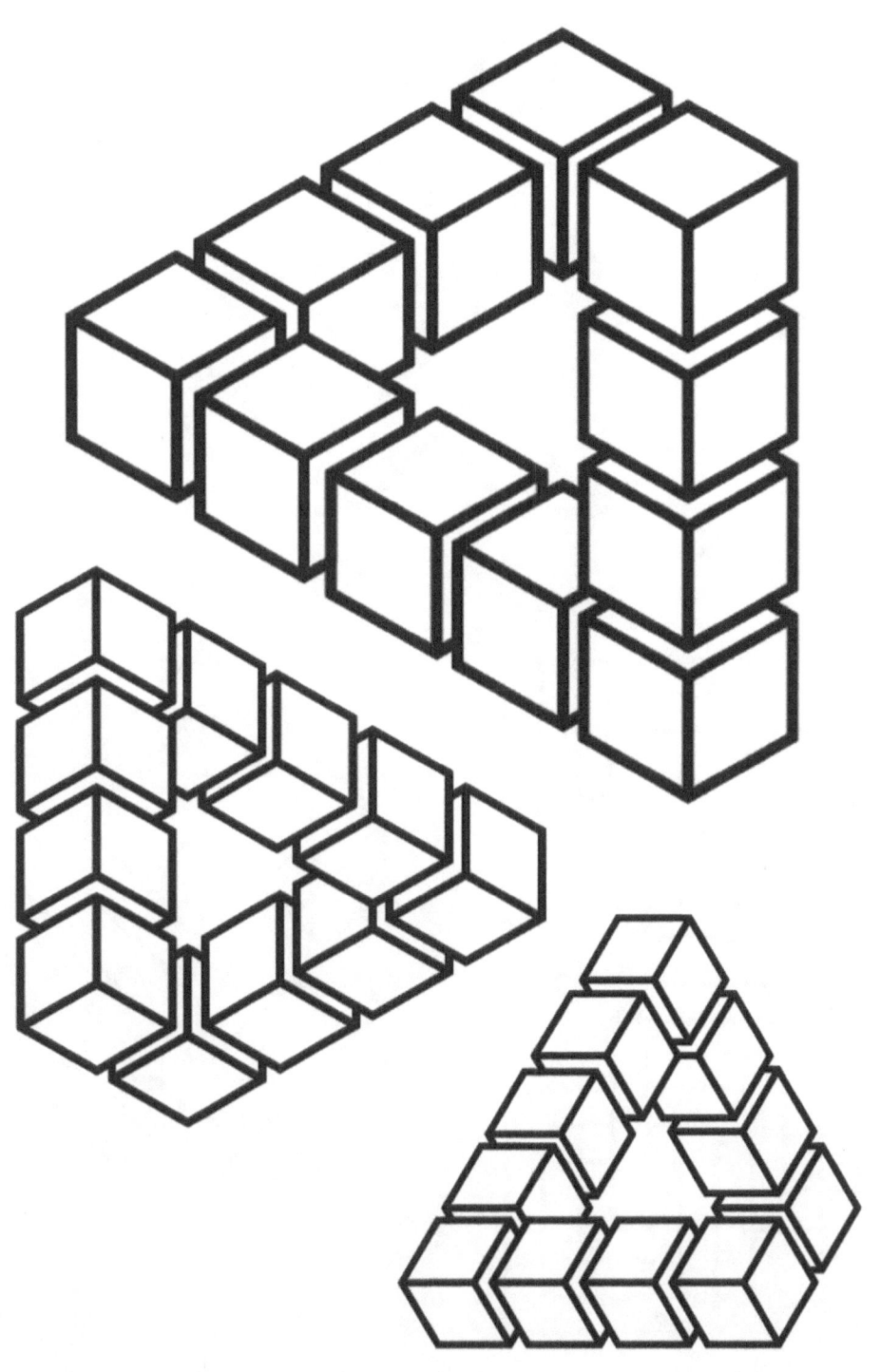

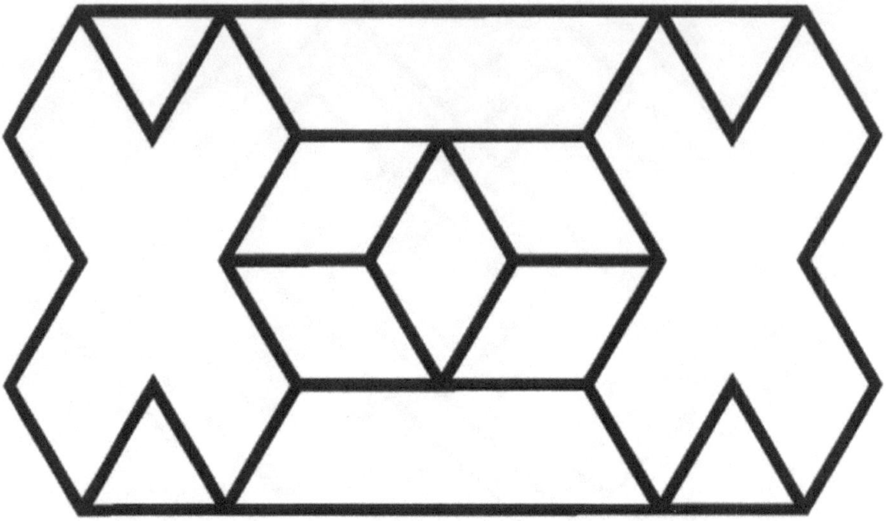

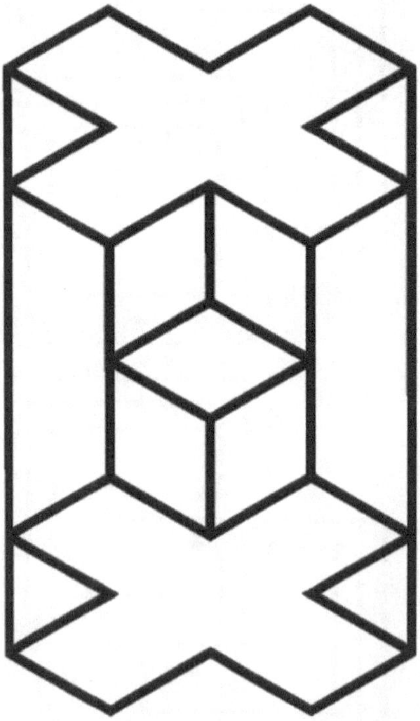

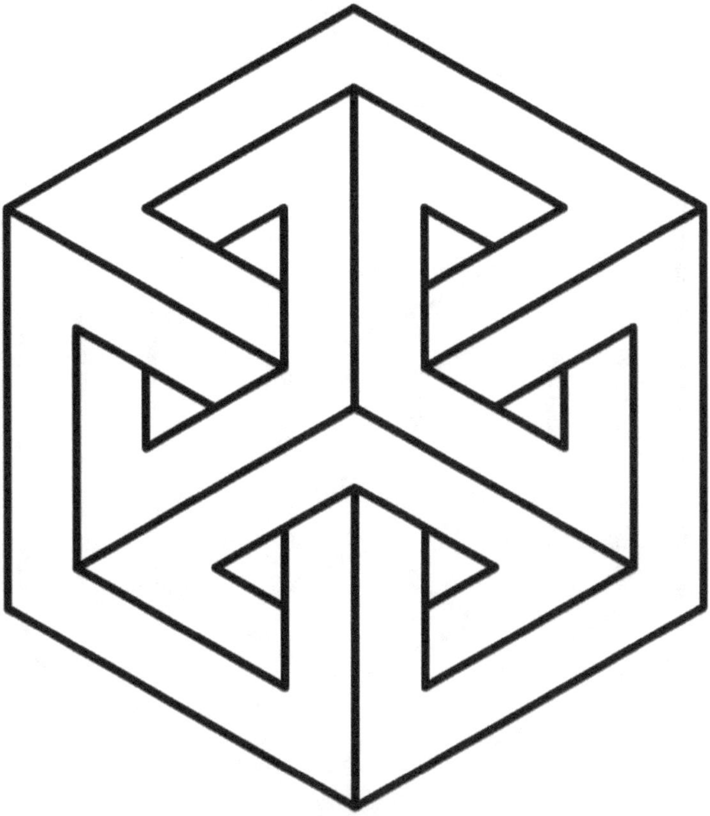

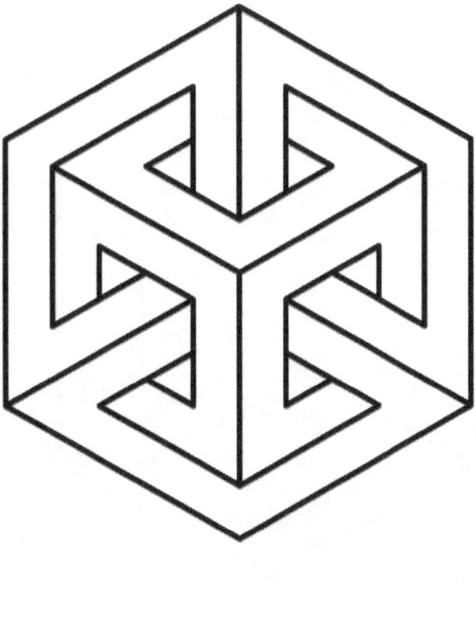

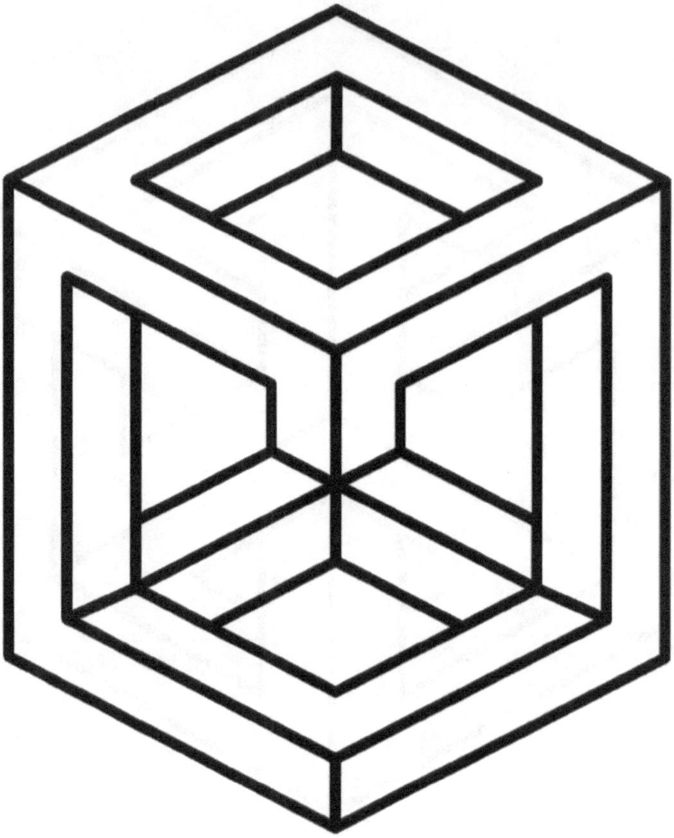

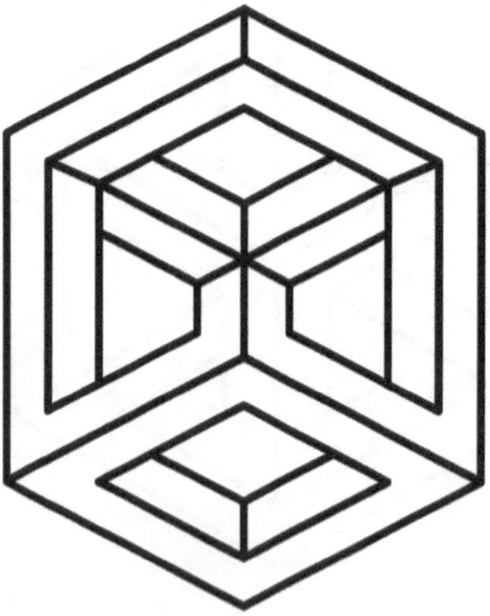

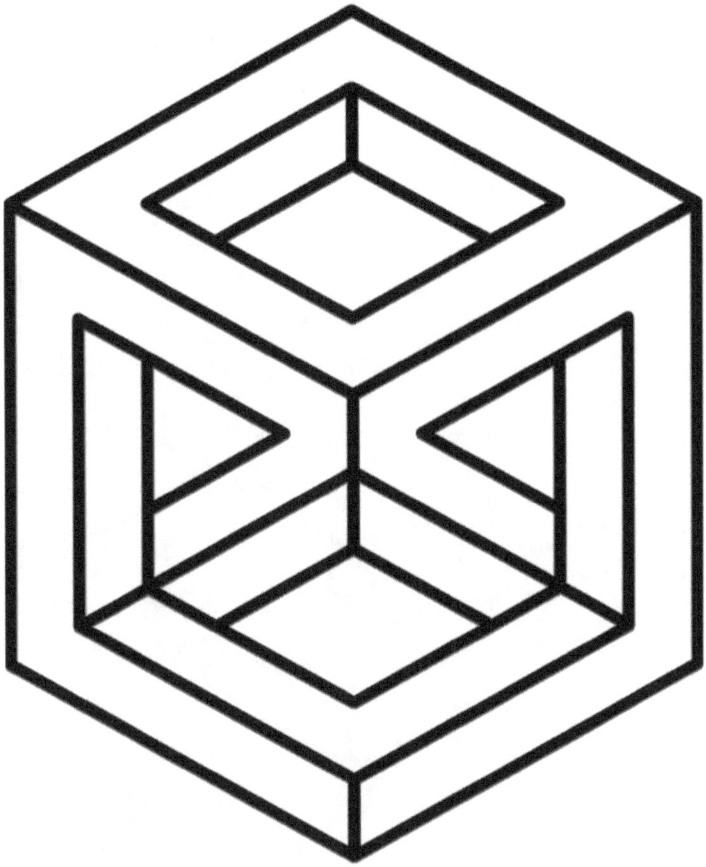

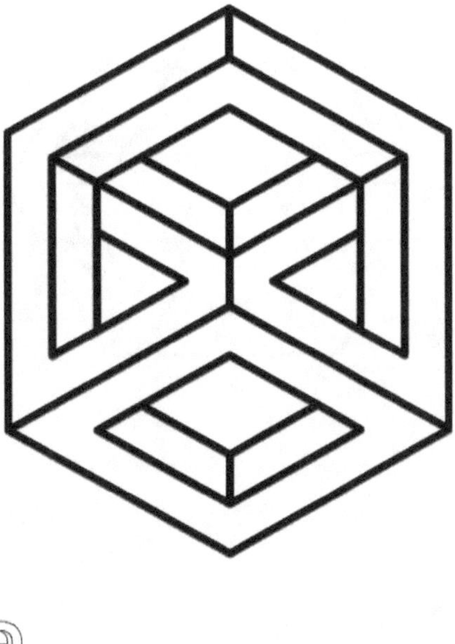

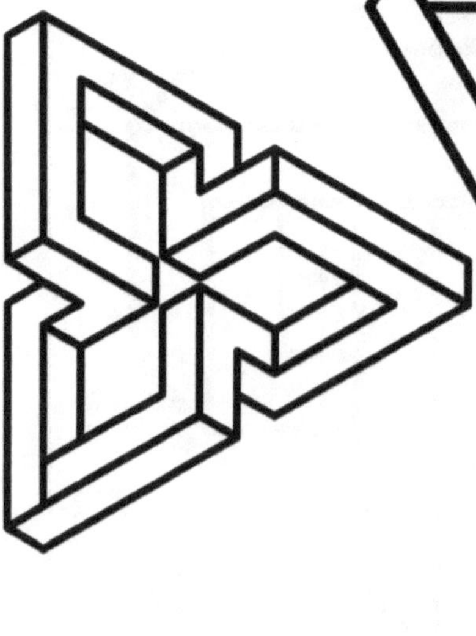

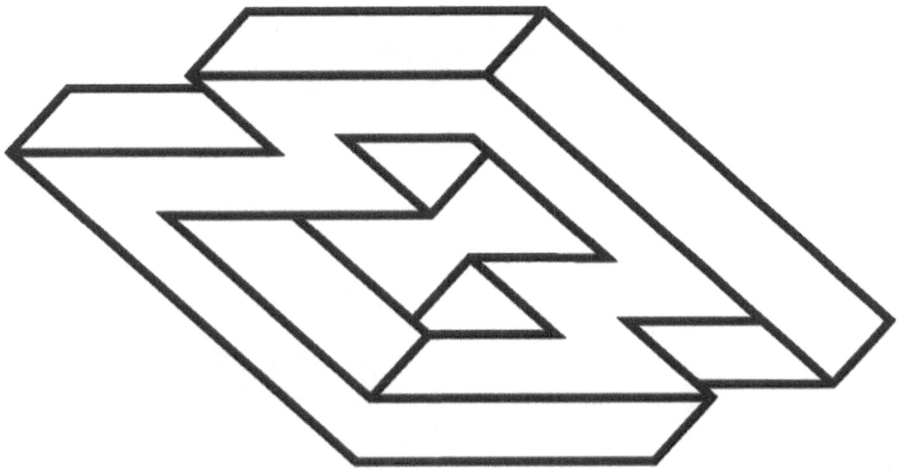

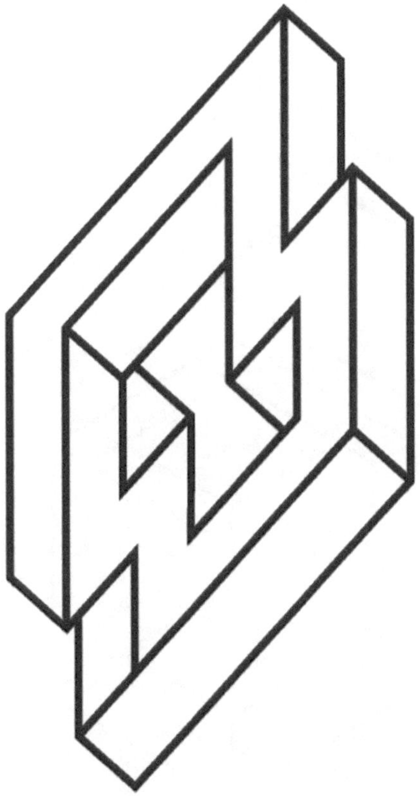

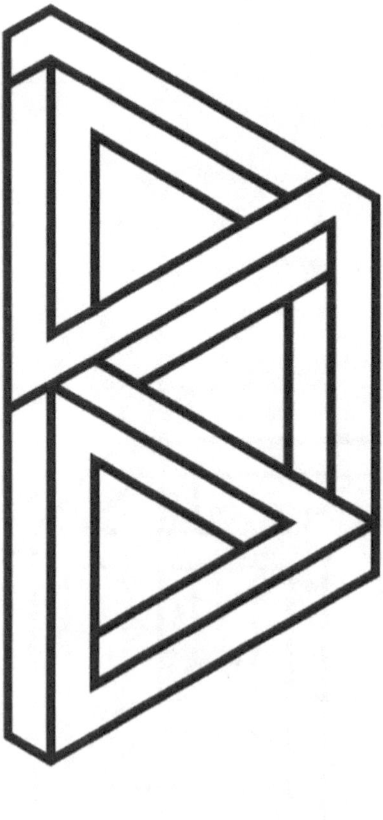

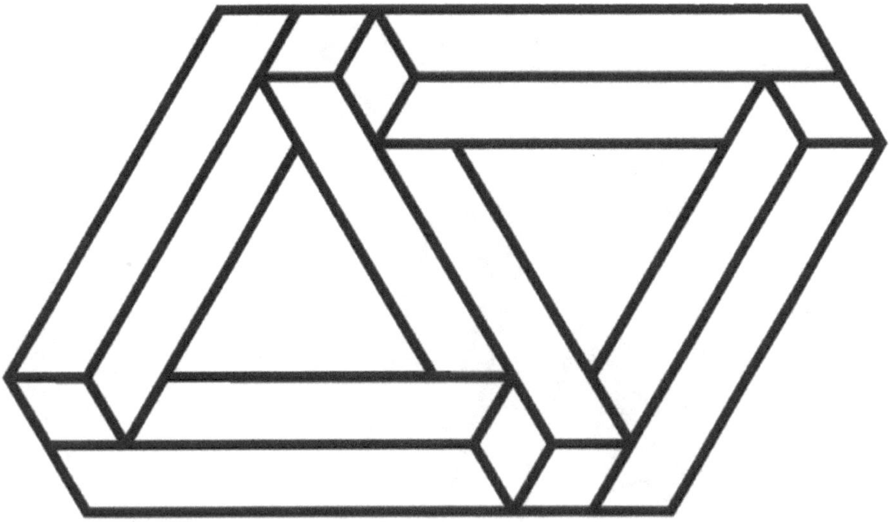

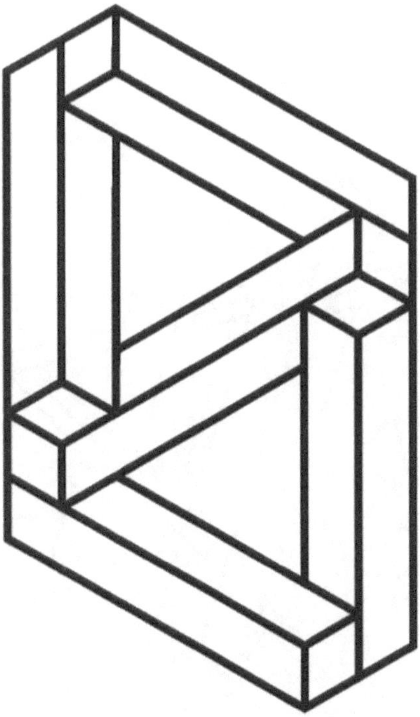

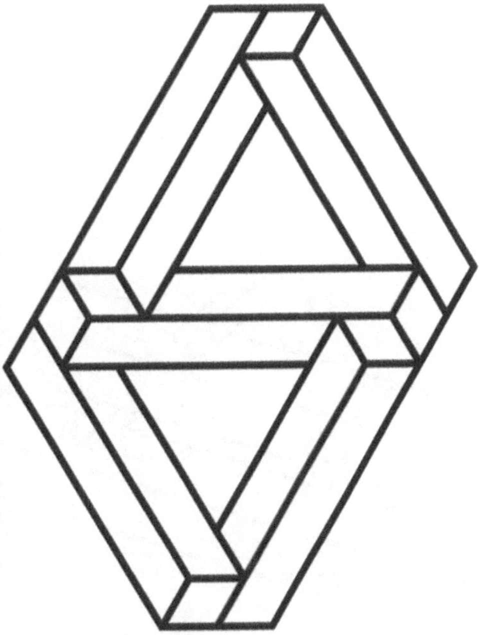

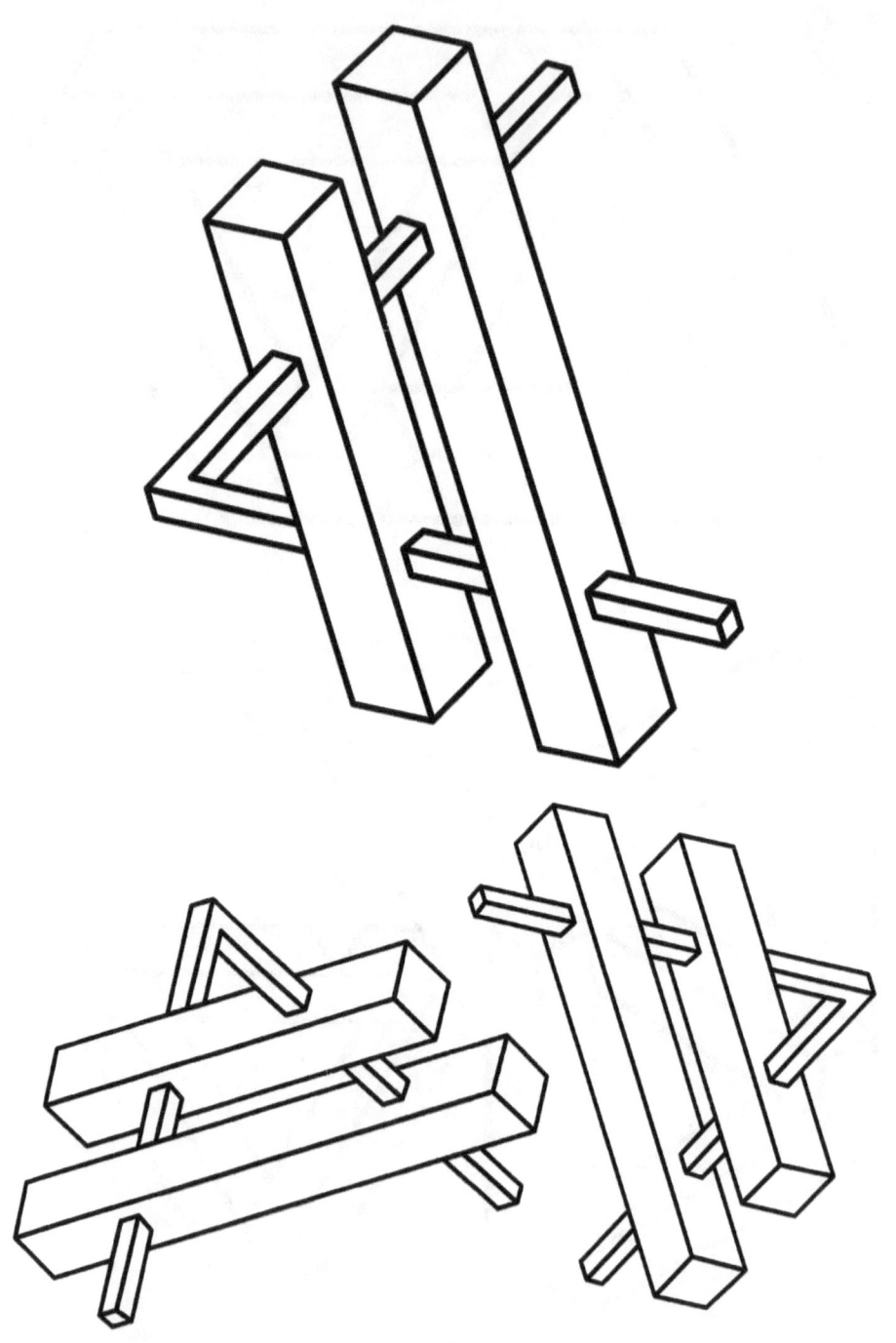

73

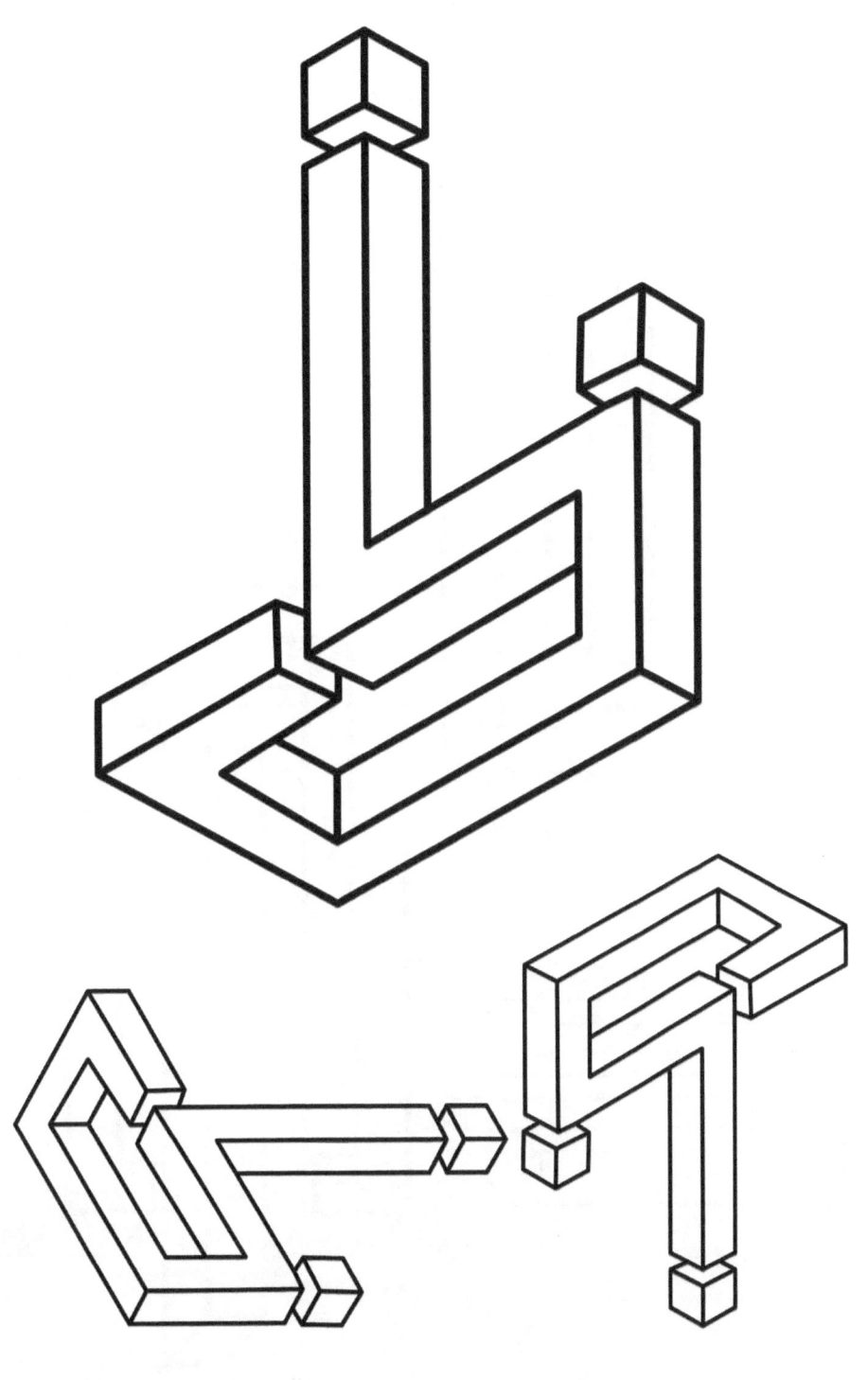

75

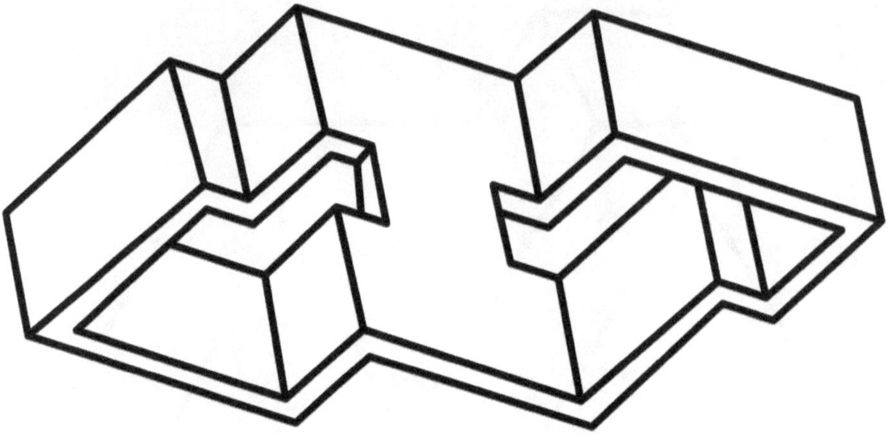

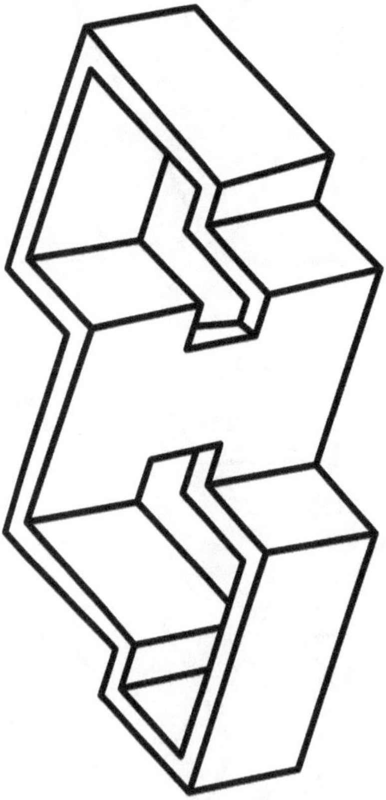

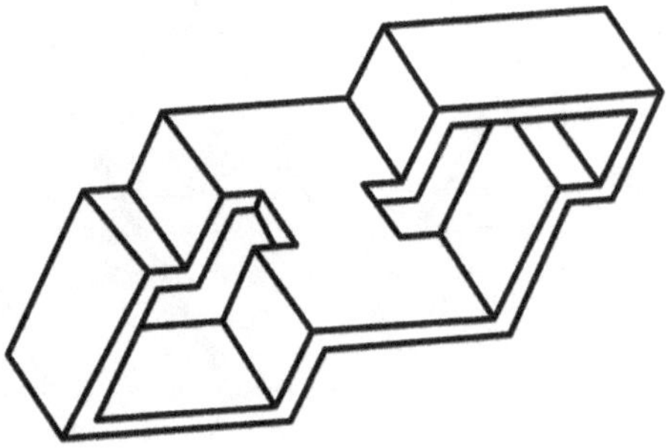

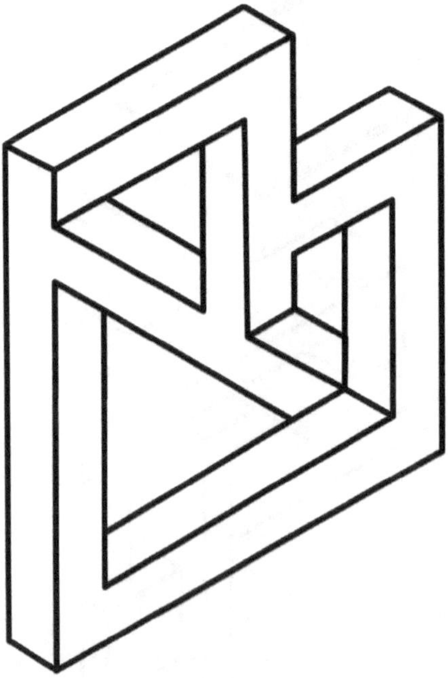

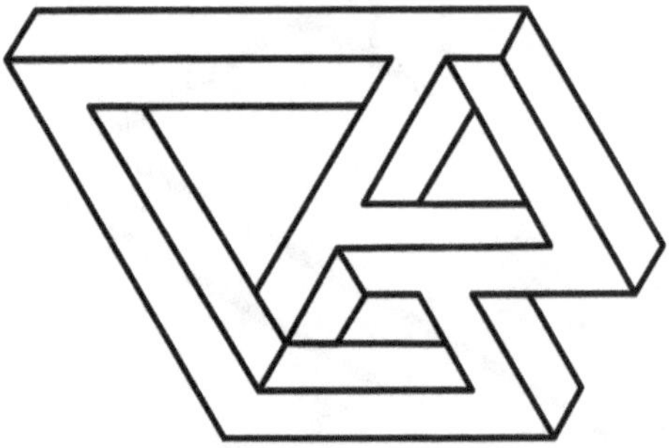

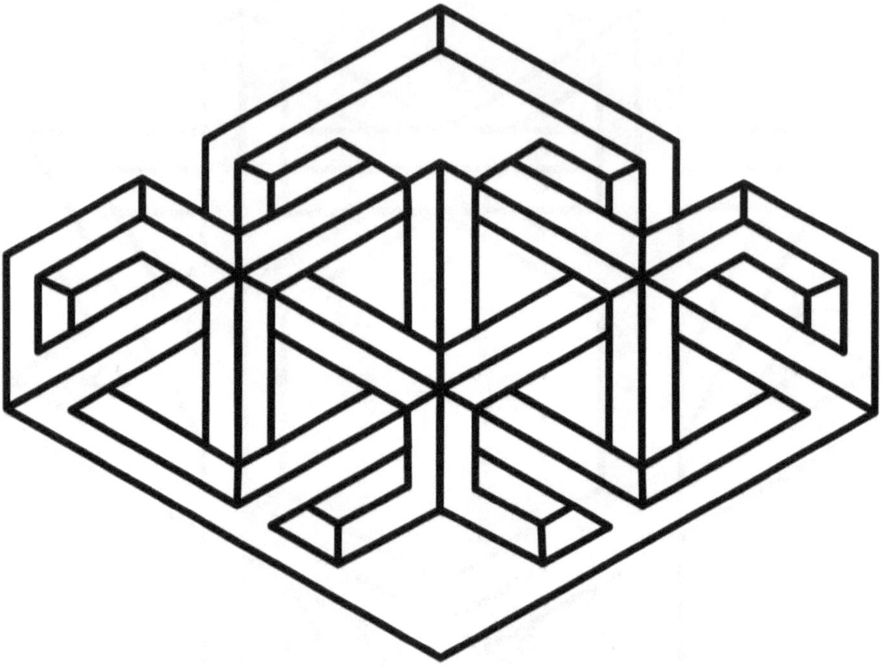

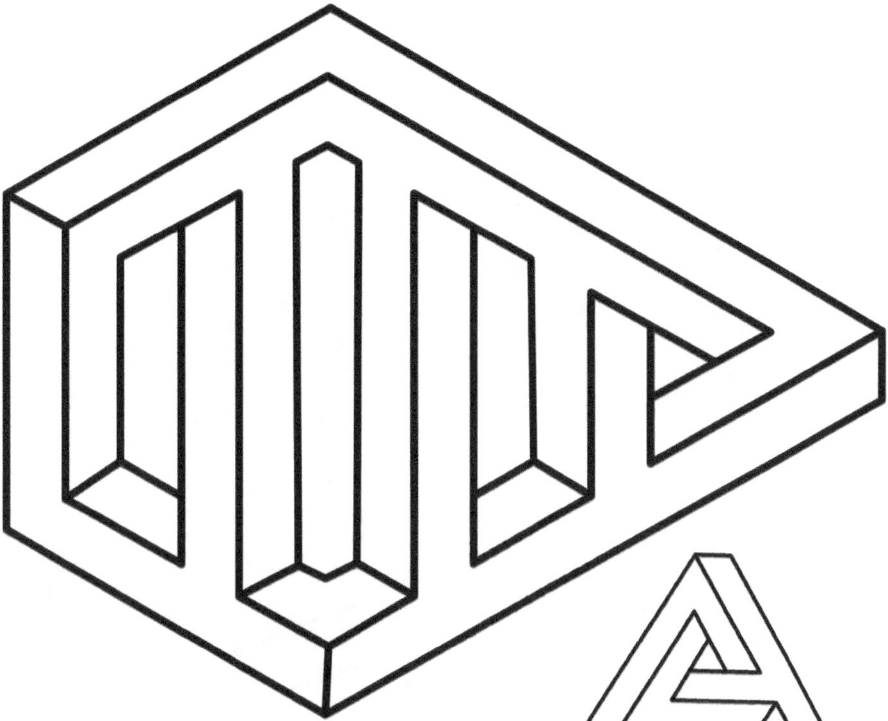

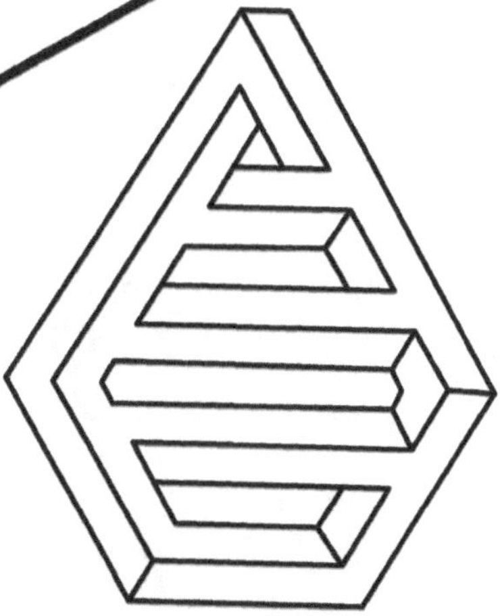

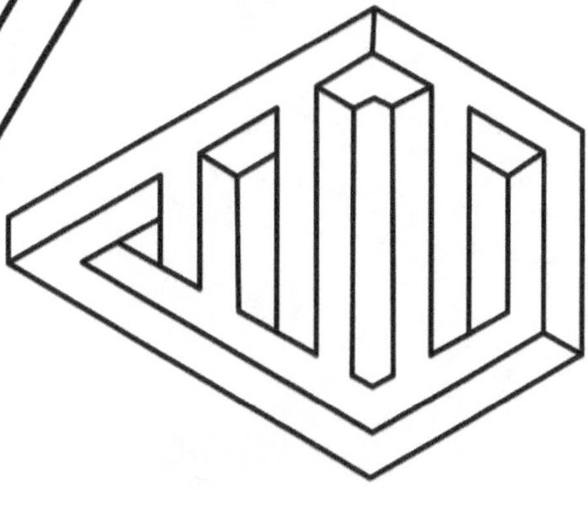

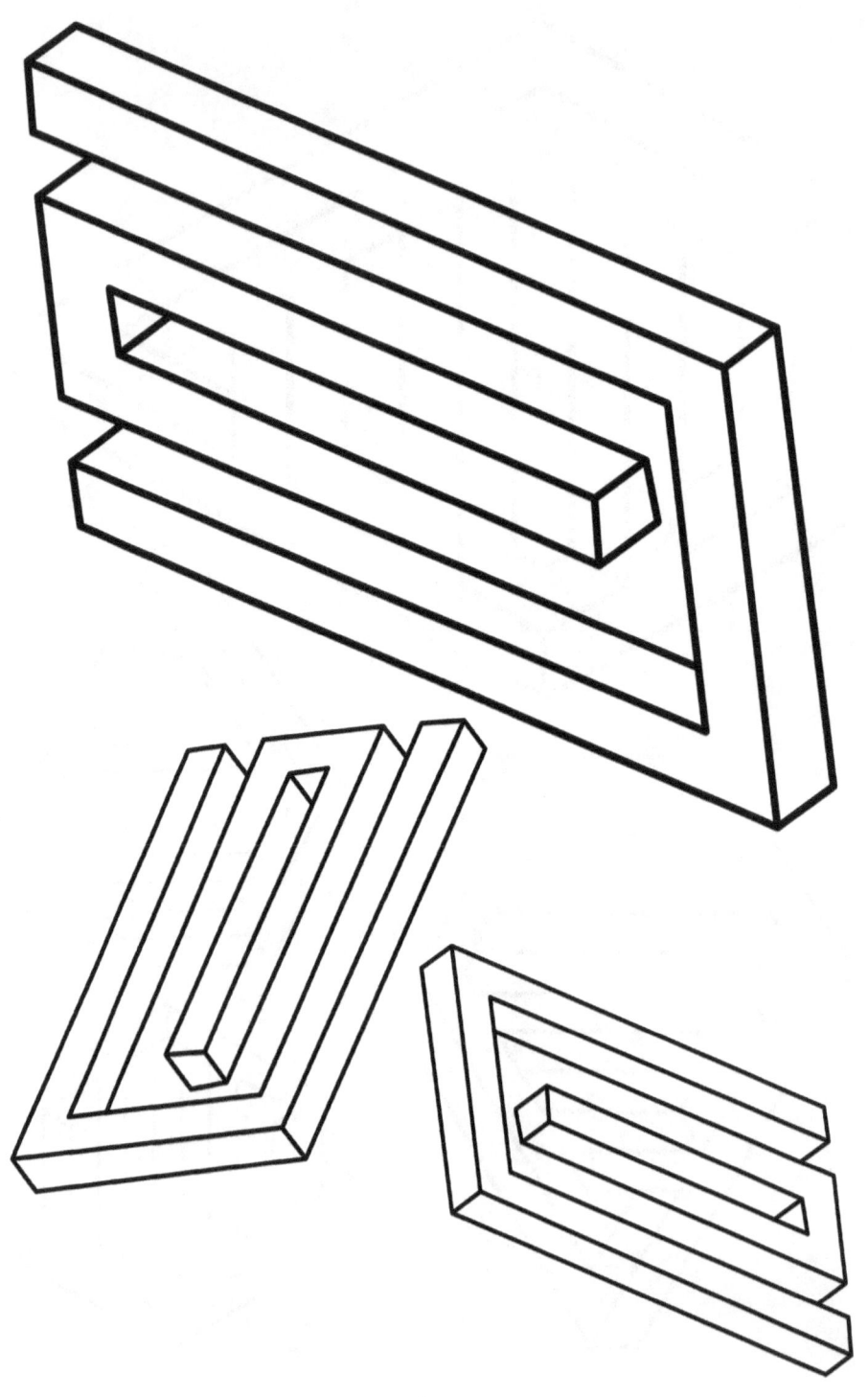

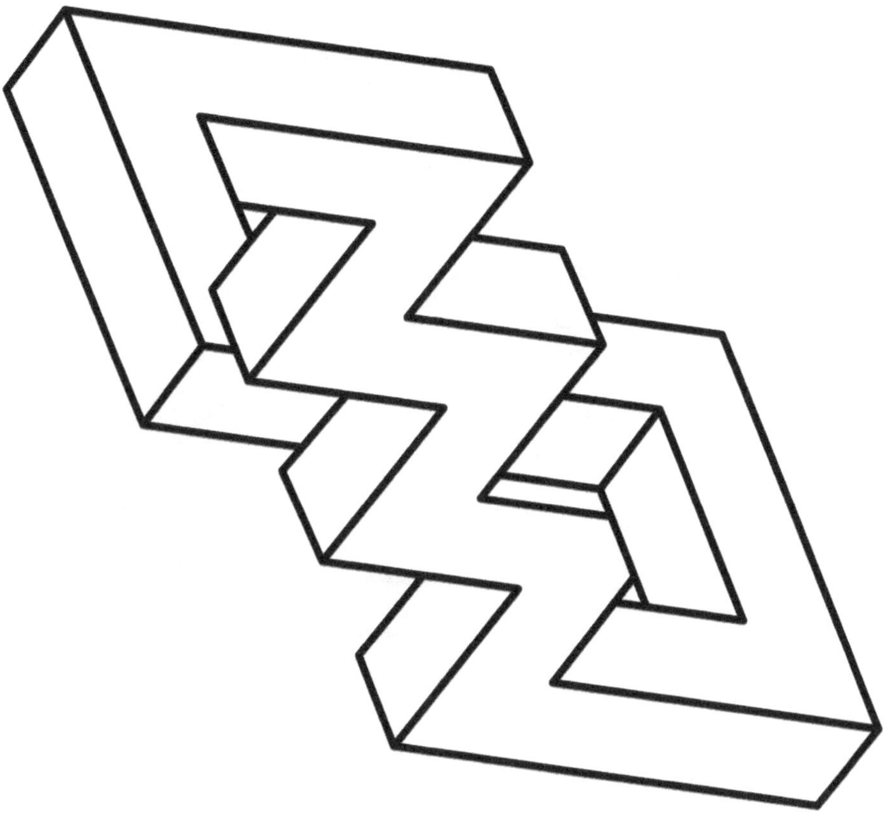

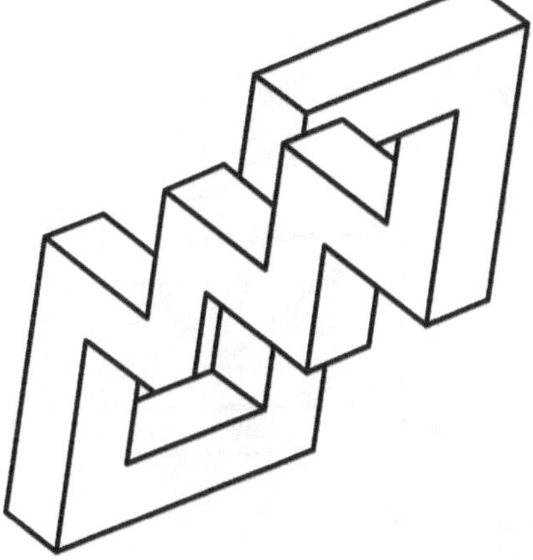

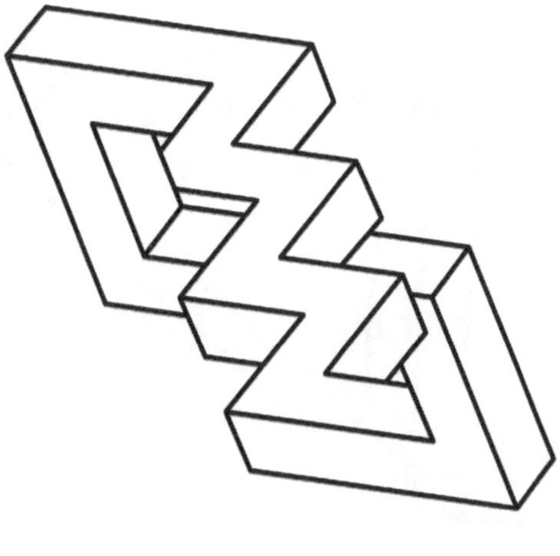

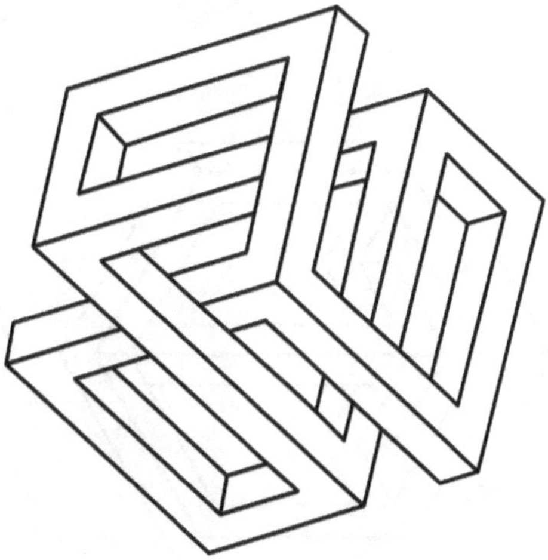

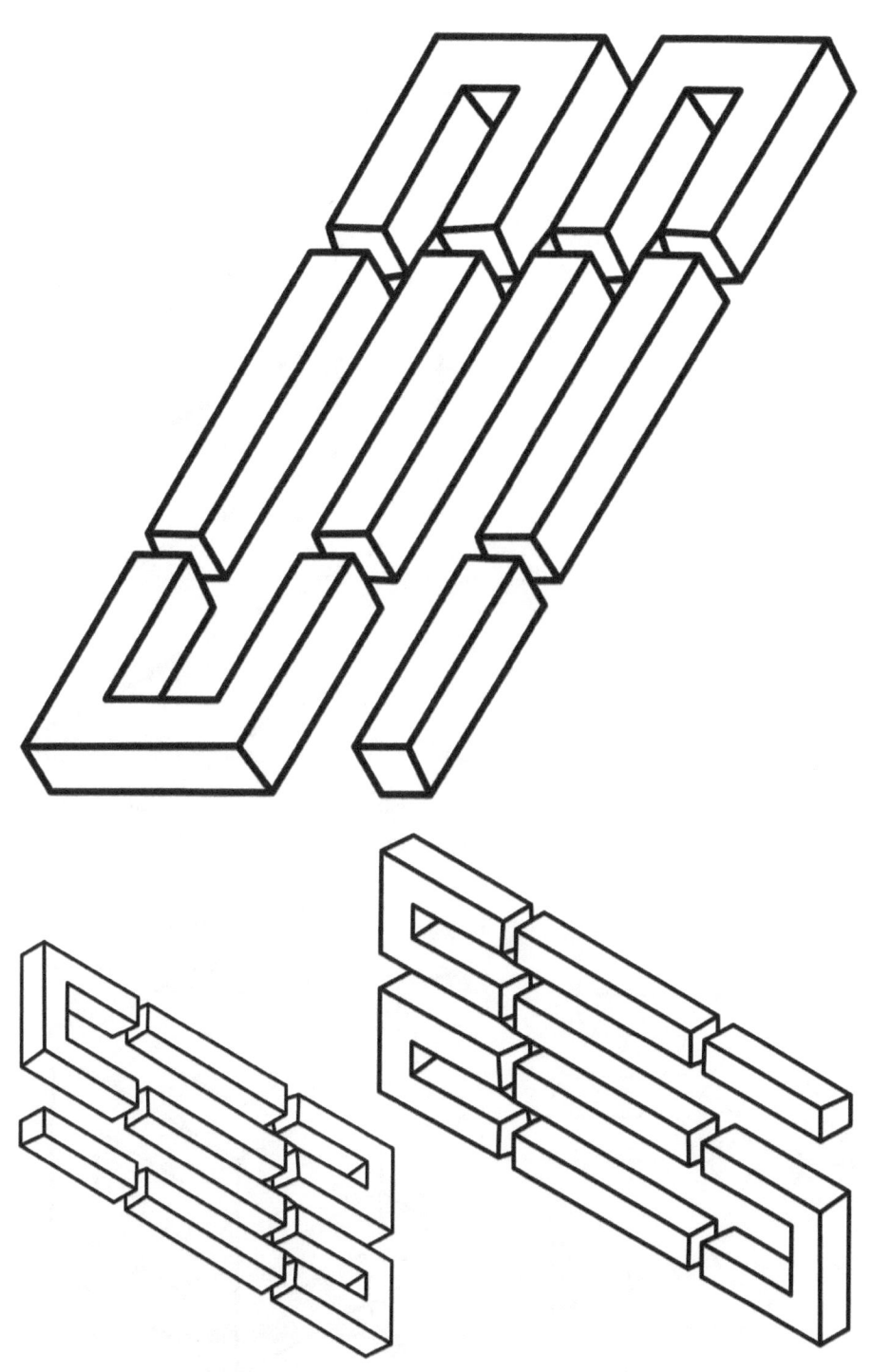

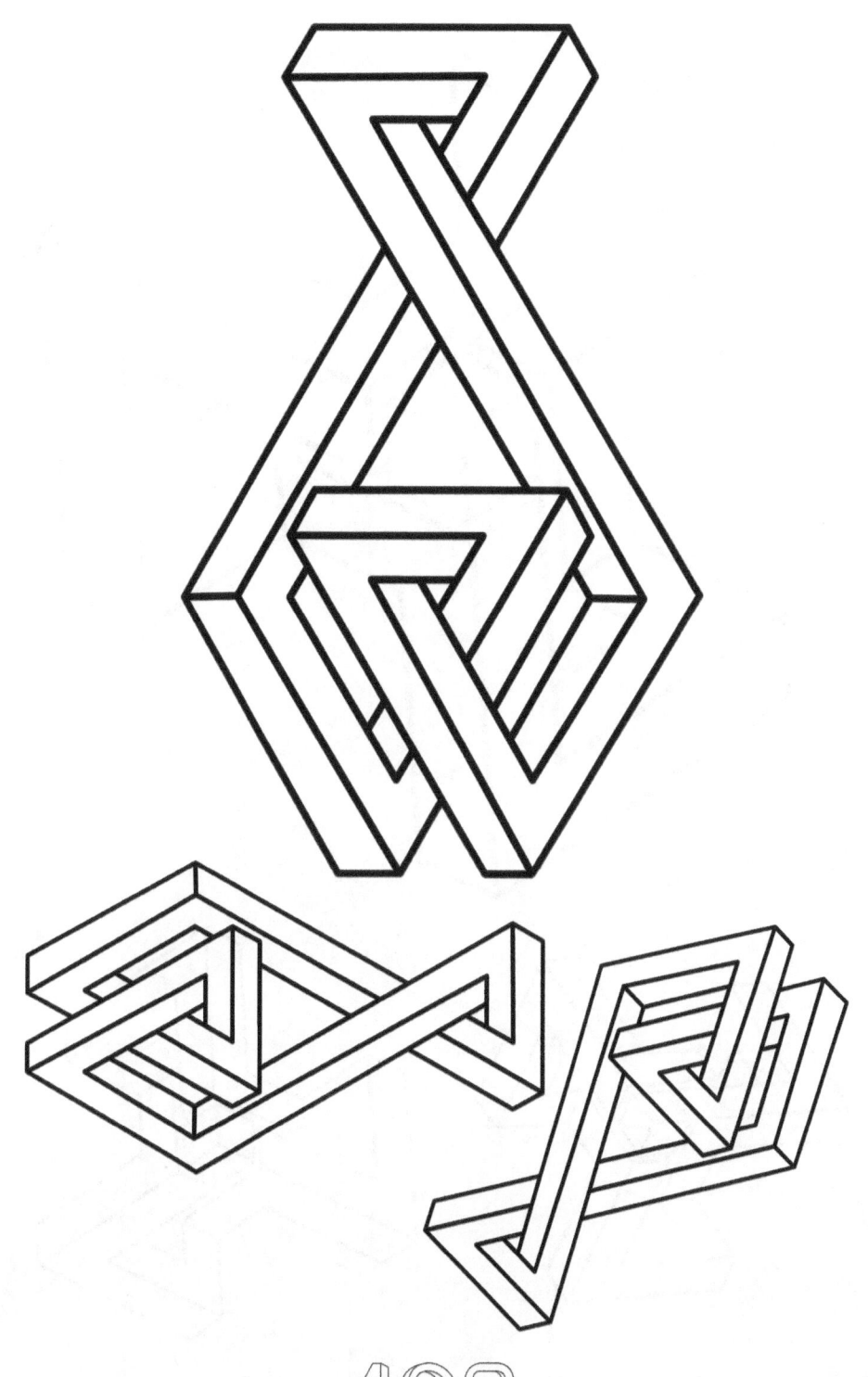

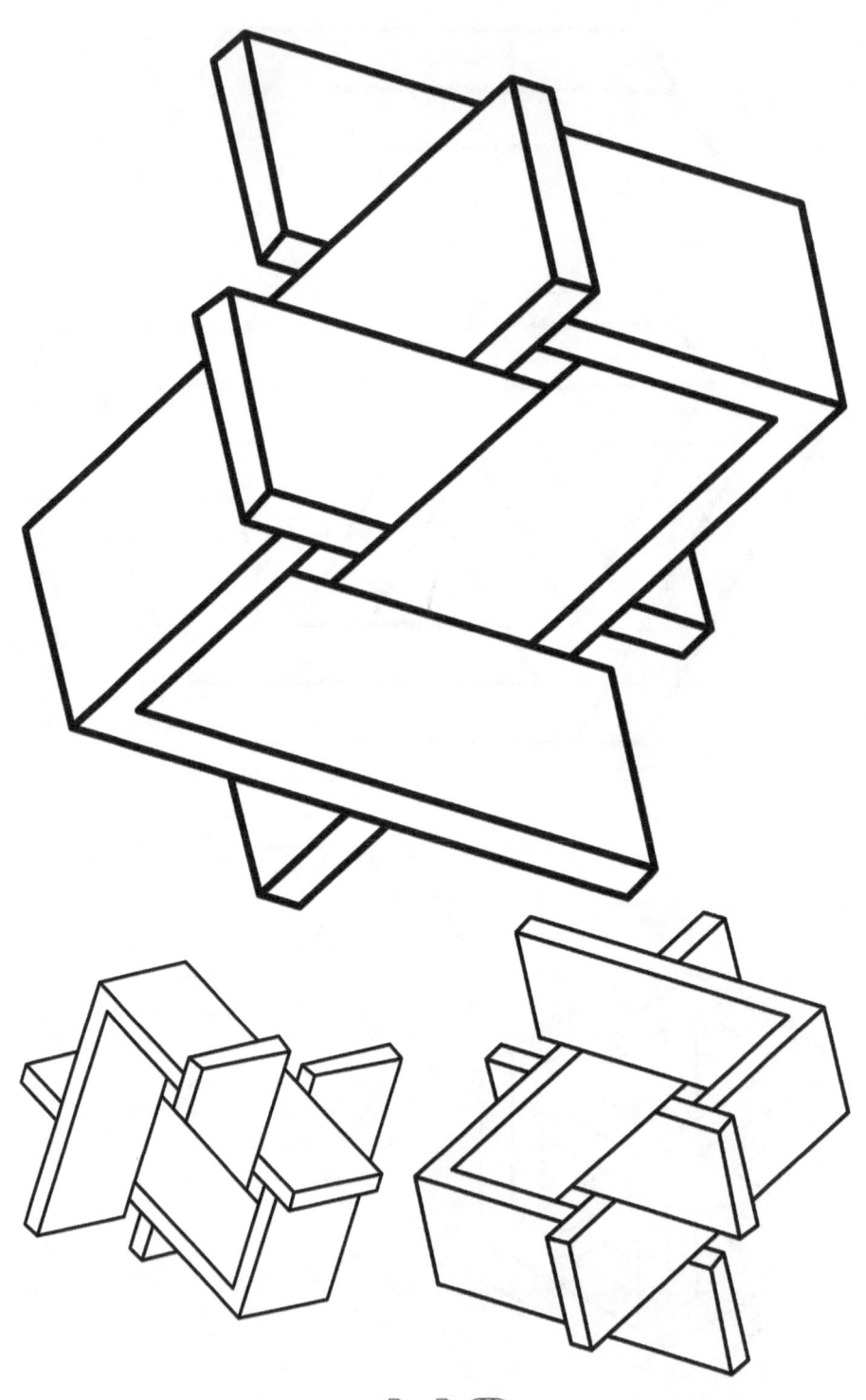

146

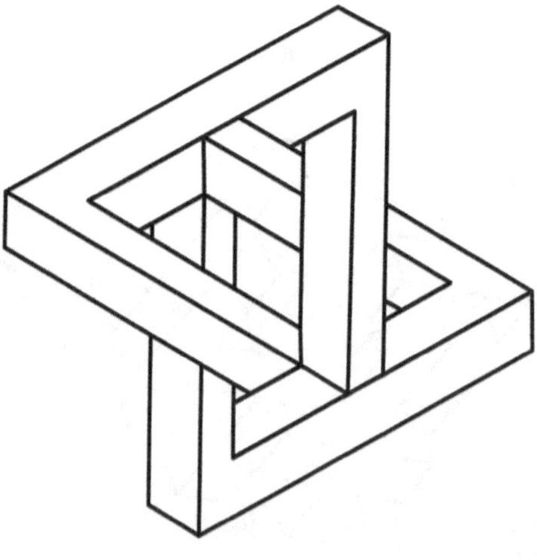

137

www.ingramcontent.com/pod-product-compliance
Lightning Source LLC
Chambersburg PA
CBHW030040100526
44590CB00011B/276